westermann

Anita Finkenzeller, Gabriele Kuhn-Schmelz

Praxis- und Methodenlehre

für die sozialpädagogische Erstausbildung

Arbeitsheft

6. Auflage

Bestellnummer 42905

Die in diesem Produkt gemachten Angaben zu Unternehmen (Namen, Internet- und E-Mail-Adressen, Handelsregistereintragungen, Bankverbindungen, Steuer-, Telefon- und Faxnummern und alle weiteren Angaben) sind i. d. R. fiktiv, d. h., sie stehen in keinem Zusammenhang mit einem real existierenden Unternehmen in der dargestellten oder einer ähnlichen Form. Dies gilt auch für alle Kunden, Lieferanten und sonstigen Geschäftspartner der Unternehmen wie z. B. Kreditinstitute, Versicherungsunternehmen und andere Dienstleistungsunternehmen. Ausschließlich zum Zwecke der Authentizität werden die Namen real existierender Unternehmen und z. B. im Fall von Kreditinstituten auch deren IBANs und BICs verwendet.

mit Webcode im Buch Buch +Web	Zu diesem Produkt sind digitale Zusatzmaterialien kostenlos online für Sie erhältlich. Sie können diese ganz einfach über die Eingabe des nachfolgenden Codes im Suchfeld unter www.westermann.deabrufen. **BVE-42905-001** Sollten Sie zu diesem Produkt bereits eine BiBox mit Material erworben haben, so sind die Zusatzmaterialien selbstverständlich dort bereits integriert.

Die Seiten dieses Arbeitshefts bestehen zu 100 % aus Altpapier.

Damit tragen wir dazu bei, dass Wald geschützt wird, Ressourcen geschont werden und der Einsatz von Chemikalien reduziert wird. Die Produktion eines Klassensatzes unserer Arbeitshefte aus reinem Altpapier spart durchschnittlich 12 Kilogramm Holz und 178 Liter Wasser, sie vermeidet 7 Kilogramm Abfall und reduziert den Ausstoß von Kohlendioxid im Vergleich zu einem Klassensatz aus Frischfaserpapier. Unser Recyclingpapier ist nach den Richtlinien des Blauen Engels zertifiziert.

Druck und Bindung: Westermann Druck GmbH, Georg-Westermann-Allee 66, 38104 Braunschweig

ISBN 978-3-427-**42905**-0

Vorwort

Das vorliegende Arbeitsheft ist vor allem für den Lernort Praxis vorgesehen. Aufgaben für den Bildungsort Schule befinden sich in dem dazugehörigen Lehrbuch „Praxis- und Methodenlehre für die sozialpädagogische Erstausbildung" (6. Auflage, 2023, Westermann Berufliche Bildung GmbH, Bestellnummer 42903). Durch die Bearbeitung gezielter Praxisaufgaben in diesem Arbeitsheft gelingt Ihnen die Verzahnung von Theorie und Praxis. Sie bringen als Expertin eigenverantwortlich Beobachtungen und Erfahrungen aus dem Praktikum in den Unterricht mit ein. Durch den Austausch dieser Praxiserfahrungen und Kinderbeobachtungen entwickelt sich in Ihrer Ausbildungsgruppe allmählich eine „virtuelle Kindergruppe".

Mit dieser gedachten Gruppe kann im Unterricht handlungsorientiert weitergearbeitet werden.

> „Allein durch die Kombination verschiedener Kinder mit all ihren Lebenslagen und Entwicklungsbesonderheiten in einer *Virtuellen Gruppe* entstehen pädagogisch herausfordernde Situationen, für die es Handlungsstrategien zu finden gilt."
> *(Quelle: Scheithauer: Lernfelder praxisnah umsetzen, 2016, S. 6)*

Dazu gibt es in diesem Arbeitsheft Aufgaben von einfachen bis hin zu komplexen Problemstellungen für das Praktikum und die Ausbildungsgruppe.

Das Wissen über Raubbau an Natur und Umwelt, über egoistisches Konsumverhalten, weltweite Klimaerwärmung, zunehmende Luftverschmutzung und über die weltweite soziale Ungerechtigkeit fordert vor allem ein Umdenken bei der Ausbildung pädagogischer Fachkräfte.

Die Bildung für Nachhaltige Entwicklung (BNE) bedeutet keine zusätzliche Aufgabe, sondern ist die gedankliche Grundlage für alles berufliche Handeln.

Dieses Buch soll Sie dabei unterstützen, Schritt für Schritt zeitgemäße, nachhaltige Lern- und Arbeitsprozesse zu durchlaufen und zu entwickeln. Sie erlangen mithilfe aller am Ausbildungsprozess beteiligten Personen so zunehmend die Kompetenz, berufliche Probleme zu bewältigen. Sie meistern Aufgaben und Situationen, die nicht allein durch Routinehandlungen gelöst werden können.

Sie erwerben Handlungswissen und damit berufliche Handlungskompetenz zu den Handlungsfeldern, die allen Bildungsplänen der Bundesländer zugrunde liegen (vgl. Kultusministerkonferenz, 2020). Darüber hinaus entwickeln Sie Verantwortungsbewusstsein im Umgang mit persönlichen Daten aus der Praxiseinrichtung, indem Sie grundsätzlich anonymisieren bzw. verschlüsseln, denn Sie sind verpflichtet, Inhalte und personenbezogene Informationen nicht nach außen zu tragen.

Die Reihenfolge der Bearbeitung der Aufgaben ist frei wählbar und orientiert sich an Ihrer Praxissituation, Ihren Fragestellungen und den schulischen Lernfeldern. Dabei erwerben Sie Medienkompetenz: Sie finden Informationen in verschiedenen Medien, Sie suchen und finden wichtige Quellen, Sie verstehen gefundene Informationen und bilden sich eine Meinung dazu und Sie wissen, dass nicht alle diese Informationen der Wahrheit entsprechen. Bei der Bearbeitung der Aufgaben und dem Austausch unterschiedlicher Perspektiven in Partner- oder Gruppenarbeit bemühen Sie sich um die Einhaltung von Gesprächsregeln, um eine achtsame und gewaltfreie Kommunikation im Umgang mit Ihren Gefühlen und denen anderer. Sie vermeiden Du-Botschaften und persönliche Zuschreibungen und kommunizieren eigene Gefühle und Bedürfnisse mit Ich-Botschaften.

Sie können die mit Web gekennzeichneten Seiten nach Eingabe des Web-Codes (siehe Umschlag Rückseite) und Registrierung auf der Internetseite www.westermann.de/digital/buchplusweb herunterladen, bearbeiten und ausdrucken. So gestalten Sie ein persönliches (digitales) Portfolio als Grundlage zur Reflexion Ihres Ausbildungsprozesses.

Im Praktikum entwickeln und gestalten Sie Ihre berufliche Identität. Dazu gehört,

- Sicherheit im Umgang mit den Kindern und mit allen am Bildungs- und Erziehungsprozess beteiligten Personen zu gewinnen.
- Ihre fachliche Selbstständigkeit zu erweitern.
- im Team unter Anleitung Praxis zu gestalten und zu reflektieren.
- in der Ausbildungsgruppe Erfahrungen bezüglich der Kinder und ihrer Entwicklungsbesonderheiten auszutauschen (virtuelle Kindergruppe) und Handlungsstrategien zu entwickeln.
- Ihre berufliche Zukunft zu gestalten.
- einen Beitrag zur Bildung nachhaltiger Entwicklung zu leisten.

Die Aufgaben in diesem Arbeitsheft helfen Ihnen dabei.

Das Autorinnenteam wünscht den Auszubildenden und allen am Ausbildungsprozess beteiligten Personen eine Haltung des Zuhörens und die Geduld, berufliche Handlungskompetenz entstehen zu lassen.

Wir danken allen, die durch Anregungen zum Gelingen beigetragen haben, und wünschen den Leserinnen und Lesern einen erfolgreichen Umgang mit dem Arbeitsheft.

Viel Freude bei der Arbeit und gutes Gelingen.

Anita Finkenzeller und Gabriele Kuhn-Schmelz

Inhaltsverzeichnis

Die **Aufgaben in diesem Arbeitsheft** erstrecken sich über folgende **Handlungsfelder, die 2020 von der Kultusministerkonferenz für die Ausbildung sozialpädagogischer Assistenzkräfte festgelegt wurden:**

„Sie nehmen Kinder in ihrer Lebenswelt wahr und entwickeln zu ihnen pädagogische Beziehungen.

Sie begleiten Entwicklungs- und Bildungsprozesse, d. h., Sie planen, moderieren Bildungsangebote, gestalten Lernräume, reflektieren Ihre Haltung und Handlungen.

Sie begleiten die Kindergruppe pädagogisch, d. h., Sie beschreiben die Beziehungsmuster in der Gruppe und berücksichtigen diese bei der Planung der Bildungsangebote.

Sie arbeiten mit allen Teammitgliedern, Eltern und Bezugspersonen zusammen.

Sie gestalten Übergänge mit und beteiligen sich an der Zusammenarbeit mit sozialen Einrichtungen.

Sie führen Betreuungsmaßnahmen und Versorgungshandlungen aus, d. h., Sie kennen die Leitlinien zur Kindeswohlgefährdung, zur Unfallverhütung und leiten Kinder zu gesundem, ökologischem sowie nachhaltigem Verhalten an.“

(Quelle: Kultusministerkonferenz (KMK): Kompetenzorientiertes Qualifikationsprofil für die Ausbildung sozialpädagogischer Assistenzkräfte an Berufsfachschulen, 2020, S. 8–19 (verändert).)

1 Berufliche Anforderungen

Berufliche Anforderungen

- Erwartungen und Entwicklung im Praktikum
- Kenntnisse der Arbeitsstelle
- Berufsmotivation und Erwartungen an den Beruf

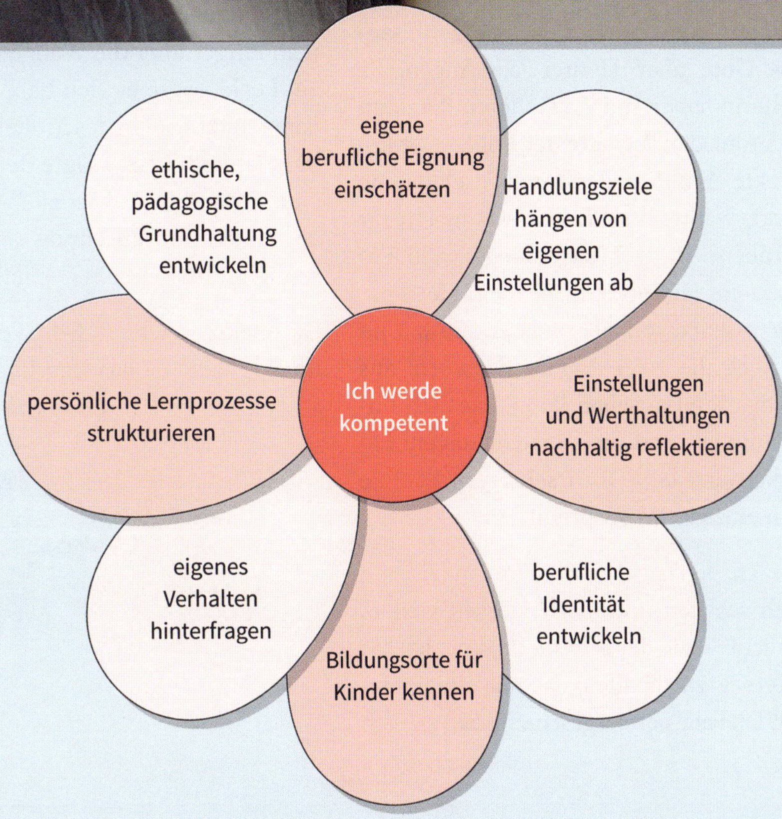

1.1 Der Erzieherberuf

Aufgaben

1. Lesen Sie die unten stehende Geschichte.
2. Markieren Sie Aussagen, die Sie besonders berühren.
3. Schreiben Sie Ihre Gedanken dazu auf.
4. Stellen Sie drei Fragen zum Text.
5. Zeichnen Sie Ihr Bild von der pädagogischen Fachkraft.
6. Diskutieren Sie in der Ausbildungsgruppe Ihre Gedanken zum Erzieherberuf. Was hat Sie dabei überrascht?

„Herr, Ihr bastelt aber lange an dieser Figur“

„Als der liebe Gott die Erzieherin schuf, machte er bereits den sechsten Tag Überstunden. Da erschien der Engel und sagte: ‚Herr, Ihr bastelt aber lange an dieser Figur!‘ Der liebe Gott sprach: ‚Hast du die speziellen Wünsche auf der Bestellung gesehen? Sie soll pflegeleicht, aber nicht aus Plastik sein; sie soll 160 bewegliche Teile haben; sie soll Nerven wie Drahtseil haben und einen Schoß, auf dem zehn Kinder gleichzeitig sitzen können, und trotzdem muss sie auf einem Kinderstuhl Platz haben. Sie soll einen Rücken haben, auf dem sich alles abladen lässt; und sie soll in einer überwiegend gebückten Haltung leben können. Ihr Zuspruch soll alles heilen, von der Beule bis zum Seelenschmerz; sie soll sechs Paar Hände haben.‘

Da schüttelte der Engel den Kopf und sagte: ‚Sechs Paar Hände, das wird kaum gehen!‘ ‚Die Hände machen mir keine Kopfschmerzen‘, sagte der liebe Gott, ‚aber die drei Paar Augen, die eine Erzieherin haben muss‘. ‚Gehören die denn zum Standardmodell?‘, fragte der Engel. Der liebe Gott nickte: ‚Ein Paar, das durch geschlossene Türen blickt, während sie fragt: Was macht ihr denn da drüben? – obwohl sie es längst weiß. Ein zweites Paar im Hinterkopf, mit dem sie sieht, was sie nicht sehen soll, aber wissen muss. Und natürlich noch die zwei Augen hier vorn, aus denen sie das Kind ansehen kann, das sich unmöglich benimmt, und die trotzdem sagen: Ich verstehe dich und habe dich sehr gern – ohne dass sie ein einziges Wort spricht.‘

‚O Herr!‘, sagte der Engel und zupfte ihn leise am Ärmel, ‚geh schlafen und mach morgen weiter‘. ‚Ich kann nicht‘, sagte der liebe Gott, ‚denn ich bin nah dran, etwas zu schaffen, das mir einigermaßen ähnelt. Ich habe bereits geschafft, dass sie sich selbst heilt, wenn sie krank ist; dass sie 30 Kinder mit einem winzigen Geburtstagskuchen zufrieden stellt; dass sie einen Sechsjährigen dazu bringen kann, sich vor dem Essen die Hände zu waschen; einen Dreijährigen davon überzeugt, dass Knete nicht essbar ist und übermitteln kann, dass Füße überwiegend zum Laufen und nicht zum Treten von mir gedacht waren.‘

Der Engel ging langsam um das Modell der Erzieherin herum. ‚Zu weich‘, seufzte er. ‚Aber zäh‘, sagte der liebe Gott energisch. ‚Du glaubst gar nicht, was diese Erzieherin alles leisten und aushalten kann.‘

‚Kann sie denken?‘ ‚Nicht nur denken, sondern sogar urteilen und Kompromisse schließen‘, sagte der liebe Gott, ‚und vergessen!‘ Schließlich beugte sich der Engel vor und fuhr mit einem Finger über die Wange des Modells. ‚Da ist ein Leck‘, sagte er. ‚Ich habe euch ja gesagt, Ihr versucht zu viel in das Modell hinein zu packen.‘ ‚Das ist kein Leck‘, sagte der liebe Gott, ‚das ist eine Träne‘. ‚Wofür ist sie?‘ ‚Sie fließt bei Freude, Trauer, Enttäuschung, Schmerz und Verlassenheit‘. ‚Ihr seid ein Genie!‘ sagte der Engel.

Da blickte der liebe Gott versonnen: ‚Die Träne‘, sagte er, ‚ist das Überlaufventil.‘“

(Quelle: Wenke: Herr, Ihr bastelt aber lange an dieser Figur, 1987, S. 205.)

Web

Meine Gedanken zur Geschichte und zum Erzieherberuf

____

____

____

1.2 Berufsmotivation und Erwartungen an den Beruf

Bisher kennen Sie sozialpädagogische Berufe vorwiegend aus einer Beobachterposition und haben sich Ihr eigenes Bild von diesen Berufen gemacht. Sie haben im Verlauf Ihrer bisherigen Entwicklung Erfahrungen gemacht, die wie ein großes Puzzle ein Gesamtbild ergeben. Innerhalb Ihrer Biografie ist in jedem Ihrer Lebensräume ein „Puzzleteil" zu diesem Bild entstanden. Dieses Puzzlebild mit Ihren individuellen Lebensräumen setzen Sie jetzt zusammen (vgl. Freigang, 2009, S. 9).

Aufgaben

1. Denken Sie darüber nach, zu welchen Lebensräumen Sie gehören und tragen Sie Ihre Lebensräume in die vorgezeichneten Puzzleteile ein. Falls die Anzahl nicht reicht, ergänzen Sie freihändig weitere Puzzleteile.
2. Den für Sie wichtigsten Lebensraum zeichnen Sie bitte rot, den zweitwichtigsten blau, den an der dritten Stelle gelb.
3. Markieren Sie den Lebensraum mit einem B, der für Ihre berufliche Zukunft jetzt und nach der Ausbildung wichtig ist.
4. Markieren Sie den Lebensraum mit einem K, auf den Sie in Ihrer Kindheit auf keinen Fall hätten verzichten wollen.
5. Tauschen Sie Ihre Ergebnisse in der Ausbildungsgruppe aus. Was hat Sie überrascht?

Mein Lebensraumpuzzle

1.3 Personen, die meine Berufswahl beeinflusst haben

Aufgaben

1. Nennen Sie Personen oder Situationen in Ihrer Lebensgeschichte, die Sie bei der Berufswahl beeinflusst haben.
2. Reflektieren Sie, was Sie bei diesen Erinnerungen empfinden. Tauschen Sie Ihre Ergebnisse in der Ausbildungsgruppe aus. Was hat Sie dabei überrascht?

Web

Erinnerungen an Situationen und Personen, die meine Berufswahl beeinflusst haben	Wie es mir dabei geht bzw. ging

Wenn Sie Ihre persönlichen Lebensraumpuzzles und Ihre persönlichen Erinnerungen miteinander vergleichen, stellen Sie möglicherweise Gemeinsamkeiten und Unterschiede fest. Jeder Mensch hat seine eigenen Gründe dafür, diesen Beruf und keinen anderen zu ergreifen.

1.4 Gründe für meine Berufswahl

Aufgaben

1. Beschreiben Sie anhand der Abbildungen oben mögliche Gründe für die Ausbildung zur sozialpädagogischen Assistenzkraft (Kinderpflege).
2. Erinnern Sie sich, warum Sie diesen Beruf gewählt haben, und beschreiben Sie diese Gründe.
3. Ermitteln Sie anhand eines Fragebogens bei den pädagogischen Fachkräften Ihrer Einrichtung im Interview die Gründe für deren Berufswahl. Vergleichen Sie diese Ergebnisse mit Ihren persönlichen Gründen.
4. Fassen Sie alle Gründe für die Berufswahl in einem Handout zusammen. Tauschen Sie die Ergebnisse in der Ausbildungsgruppe aus.

Web

Gründe für meine Berufswahl

____

____

____

1.5 Erwartungen und Entwicklungen im Praktikum

Bald werden Sie Ihr Praktikum beginnen. Dies ist häufig ist mit einer Reihe von Erwartungen, Befürchtungen, Gefühlen verbunden.

Aufgabe

Malen Sie ein Bild, das Ihre Gefühle vor dem ersten Praxistag ausdrückt.

Meine Gefühle vor dem ersten Praxistag

Mein Steckbrief

Im Praktikum werden Sie von vielen Personen wahrgenommen. Die Kinder sind neugierig auf die neue Praktikantin, das Kollegium erwartet, dass Sie sich gut in der Einrichtung einleben, und nicht zuletzt möchten die Eltern der Kinder wissen, wer sich zukünftig mit ihren Kindern befasst. Den Kindern werden Sie von Ihrer Praxisanleitung vorgestellt, die Sie schon mindestens einmal getroffen haben. Aber für die Eltern sind Sie noch ein „unbeschriebenes Blatt“. Das können Sie auf einfache Weise ändern, indem Sie sich allen Eltern mit einem Steckbrief vorstellen.

Aufgabe

Fertigen Sie einen Steckbrief an, in dem Sie sich den Eltern Ihrer Praxiseinrichtung vorstellen und hängen Sie diesen an einer geeigneten Stelle gut sichtbar auf, zum Beispiel an der Gruppentür oder der Infowand.

Im Steckbrief sollten Sie sich mit vollständigem Namen, Alter, beruflicher Zielsetzung, Ausbildungsschule, einigen persönlichen Worten und einem Foto von Ihnen vorstellen.
Legen Sie Wert auf eine ansprechende Gestaltung und auf sprachliche Korrektheit, denn der Steckbrief ist Ihre Visitenkarte. Fertigen Sie zunächst einen Entwurf an.

Web

Mein Steckbrief – Entwurf

Anrede

- Ich stelle mich persönlich vor (Name, Alter, Wohnort …)
- Ich beschreibe mein Ausbildungsziel, bzw Berufsziel
- Ich erkläre meine momentane Ausbildungssituation
- Evtl noch einige persönliche Bemerkungen

Unterschrift

Mein erster Praxistag in der neuen Einrichtung

Aufgaben

1. Schreiben Sie Ihrer Klassenkameradin oder einem Freund einen Brief und berichten Sie von den wichtigsten Eindrücken Ihres ersten Praxistages.
2. Lesen Sie sich Ihre Briefe in Partnerarbeit gegenseitig vor und vergleichen Sie Ihre Erfahrungen. Was hat Sie dabei überrascht?

1.6 Die Praxisstelle, ein Bildungsort für Kinder

Zu Beginn des Praktikums werden alle notwendigen Angaben zum Kennenlernen der Kindertagesstätte gesammelt. Mithilfe der unten vorgeschlagenen Formulare erhalten Sie einen Einblick in Ihre Praxisstelle und folgende Aspekte:
Name, Anschrift und Lage, Räume und deren Nutzung, Öffnungszeiten, Träger, Team, Tagesablauf, Gruppenzusammensetzung, Aufgaben und Regeln, Leitlinien, Spielmaterial.

Aufgabe

Erstellen Sie ein Portfolio als Entwicklungs- und Lerntagebuch für Ihr Praktikum und Ihre Praxisstelle. Gehen Sie dabei nach folgender Gliederung vor Zur Veranschaulichung eignen sich auch Fotos.

Web

Meine Praxisstelle
1. Anschrift
Art der Einrichtung und Lage
Name und Anschrift, Telefonnummer und E-Mail-Adresse
2. Gebäude, Räumlichkeiten und deren Nutzung
Alter (evtl. etwas zur Geschichte)
Räumlichkeiten der gesamten Einrichtung (Gruppenräume, gemeinsam genutzte Räume)
Außenanlage (Beschreibung, Ausstattung)

Web

Spielorte der Kinder meiner Gruppe

Fertigen Sie eine Skizze des Gruppenraumes und der weiteren Spielorte an, die von den Kindern Ihrer Gruppe benutzt werden dürfen (z. B. Flur, Bewegungsraum, Außengelände.)

Web

Öffnungszeiten und Dienstleistung

Öffnungszeiten
wählbare Dienstleistungen und Angebote
Ferienzeiten
evtl. besondere Lösungen

Web

Team	
Träger bzw. dessen Vertreter:	
Leitung der Einrichtung (mit Berufsangabe):	
Gruppe: Leitung: Zusatzkräfte:	Gruppe: Leitung: Zusatzkräfte:
Gruppe: Leitung: Zusatzkräfte:	Gruppe: Leitung: Zusatzkräfte:
Gruppe: Leitung: Zusatzkräfte:	Gruppe: Leitung: Zusatzkräfte:

Web

Tagesablauf in meiner Gruppe	
Stellen Sie den typischen Tagesablauf tabellarisch dar (von: ... bis: ... Bringzeit: ...). Die klare, immer wiederkehrende Struktur soll erkennbar werden, z. B. Freispiel und moderierte Bildungsangebote, Projektarbeit, tägliche Aktivitäten, Spiel im Freien, Frühstückssituation, Essen, Schlafen, Kernzeiten.	
Uhrzeit	Was?
von bis	
von bis	
von bis	
von bis	
von bis	
von bis	
von bis	
von bis	

Web

Die Gruppenzusammensetzung in meiner Praxisstelle

Tragen Sie die Angaben für alle Kinder Ihrer Gruppe in eine Tabelle ein (zur Anonymisierung bitte nur Vorname oder Abkürzung, Geburtsjahr und Geburtsmonat angeben).

Uhrzeit	Mädchen	Jungen
6 und älter		
4–5		
3–4		
1–3		
0–1		

Web

Aufgaben und Regeln in der Gruppe
Listen Sie alle Gruppenregeln (z. B. Regeln bezüglich der Nutzung einzelner Spielorte, Aufräumregeln) und Aufgaben, die für Ihre Gruppe maßgebend sind (z. B. Spüldienst, Blumendienst), übersichtlich auf.

Web

Spielmaterial der Kinder meiner Gruppe
Tragen Sie in die Tabelle alle vorhandenen Spielmaterialien ein, die die Kinder für verschiedene Spielformen nutzen können.
Baubereich
Rollenspielbereich
Gestaltungsbereich
Spieltisch
Bewegungsbereich

Web

Bericht über meine ersten Praxiserfahrungen
Einsatz
(In welche Gruppe und wie ich eingeführt wurde, wie die Stimmung in der Gruppe war …)
Aufgaben
(Welche Aufgaben ich hatte und wie es mir damit ergangen ist)
Kontaktaufnahme
(Wie mir die Kontaktaufnahme zu dem Kollegium und den Kindern gelungen ist, wie ich mich einbringen konnte)
Bezug zu Beruf und Arbeit
(Ob die Arbeit Spaß gemacht hat, was ich jetzt über den Beruf weiß, wie ich mich in der Rolle der Praktikantin gefühlt habe, was mir gut/nicht so gut gelungen ist, was mich überrascht hat)

1.7 Entwicklung des Hilfsprozesses zwischen Praxisanleitung und Praktikantin

Ihre Praxisanleitung ist bereit, ihre Erfahrungen und ihr Wissen im Umgang mit Kindern an Sie weiterzugeben und Sie in Ihren praktischen Aufgaben zu unterstützen. Es wird sich ein Hilfsprozess zwischen Ihnen und Ihrer Praxisanleitung entwickeln. Das geht natürlich nur mit Ihrer aktiven Beteiligung, denn erfolgreiche Lernprozesse erfordern einen großen Einsatzwillen.

„Geh nicht nur auf glatten Straßen, geh die Wege, die noch niemand ging, damit du Spuren hinterlässt, und nicht nur Staub.“
(Quelle: Antoine de Saint-Exupéry (nachgesagtes Zitat).)

Aufgabe

Denken Sie über das Zitat nach. Entwickeln Sie Ideen, welche Spuren Sie im Umgang mit den Kindern im Praktikum hinterlassen möchten.

Meine Spuren im Praktikum:

Ich möchte, dass ...

______

______

______

______

______

______

Je länger Sie im Praktikum aktiv sind, umso mehr fachliche Fragen werden sich einstellen, die Sie mit Ihrer Praxisanleitung besprechen werden und zu klären versuchen.

> „Sage es mir, und ich vergesse es;
> zeige es mir, und ich erinnere mich;
> laß es mich tun, und ich behalte es."
> *(Quelle: Konfuzius (nachgesagtes Zitat.)*

Aufgaben

1. Erläutern Sie, was Ihnen zu diesem Sprichwort einfällt.
2. Diskutieren Sie mit Ihrer Praxisanleitung darüber und überlegen Sie sich einige Fragen.
3. Erstellen Sie ein Gesprächsprotokoll nach dem folgenden Formblatt.

Web

Protokoll/Interview

Thema:	
Beteiligte Personen:	
Datum/Uhrzeit/Ort:	
Fragen	**Antworten**
1. Welche Hilfen können meinen Einstieg ins Praktikum erleichtern?	
2. Wie kann ich mich aktiv am Praxistag beteiligen?	
3. Welches sind meine Aufgaben in der Einrichtung?	
Was habe ich gelernt? Was gibt mir Kraft? Was kostet mich Kraft?	

1.8 Der Hilfsprozess zwischen Praxisanleitung und Praktikantin entwickelt sich weiter

Mittlerweile haben Sie schon einige Praxiswochen in Ihrer Praxiseinrichtung verbracht und können einen ersten Rückblick auf Ihre Anfangszeit werfen. Sie können Ihre ersten Praxiserfahrungen reflektieren.

Aufgaben

1. Lesen Sie in Ihren Berichten nach, welche Erwartungen Sie an das Praktikum hatten und was Ihre Befürchtungen waren. Tragen Sie diese in die entsprechende Zeile ein. Was ist daraus geworden?
2. Haben sich Ihre Erwartungen in der Zwischenzeit verändert? Gibt es Gründe dafür?

Web

Reflexion meiner Erwartungen und Befürchtungen im Praktikum

Meine Erwartungen und Befürchtungen vor dem Praktikum:
Was daraus geworden ist:
Meine Erwartungen haben sich verändert:
Gründe für die Veränderung von Erwartungen:
Meine Entwicklung in dieser Zeit: Was habe ich gelernt? Was gibt mir Kraft? Was kostet mich Kraft?

1.9 Die Arbeitsstelle, ein Bildungsort für Kinder

Sie verschaffen sich über die Erfahrungen in Ihrer Praxisstelle hinaus einen Überblick über die verschiedenen beruflichen Einsatzfelder, die als Arbeitsstelle für Sie infrage kommen.

Aufgaben

1. Erläutern Sie, welche Bildungsorte für Kinder es in Ihrer Stadt oder Gemeinde gibt.
2. Kennzeichnen Sie diejenigen Einrichtungen in der Tabelle mit einem Stern, in denen Sie gerne arbeiten würden.

Bildungsorte für Kinder mit Anschrift	Persönliche Erfahrungen mit diesen Einrichtungen

1.10 Die Konzeption der Einrichtung

Sie haben sich in Ihrer Praxiseinrichtung eingelebt und befassen sich mit der Konzeption der Einrichtung. Sie wissen, was eine Konzeption ist, was sie enthalten sollte und können gezielte Fragen über die Inhalte der Konzeption stellen.

Aufgabe

Informieren Sie sich anhand der schriftlichen Konzeption Ihrer Einrichtung bzw. mithilfe von Interviewfragen darüber, welches die wichtigsten Leitlinien, Ziele und Grundsätze der pädagogischen Fachkräfte sind, und halten Sie diese in dem Protokollbogen fest.

Web

Protokoll/Interview

Thema:	
Beteiligte Personen:	
Datum/Uhrzeit/Ort:	
Fragen	**Antworten**
1. In welcher Rolle sehen sich die pädagogischen Fachkräfte der Einrichtung?	
2. Welches sind die wichtigsten Grundsätze und Leitbilder der Einrichtung?	
3. Nach welchen speziellen pädagogischen Konzepten oder Methoden wird in der Einrichtung gearbeitet?	
4. Welche Bildungs- und Erziehungsziele sind in der Einrichtung, neben den allgemein verbindlichen, besonders bedeutsam?	
5. Welche Ideen zur Bildung für nachhaltige Entwicklung gibt es in der Einrichtung? Wie sieht es mit der praktischen Umsetzung aus? Werden in der Konzeption globale Perspektiven zu Umwelt- und Klimaschutz sichtbar? Vergleichen Sie Ihre Ergebnisse in der Ausbildungsgruppe. Was hat Sie überrascht?	
Was habe ich für meinen Beruf in meiner Einrichtung gelernt?	

2 Die entdeckende Beobachtung

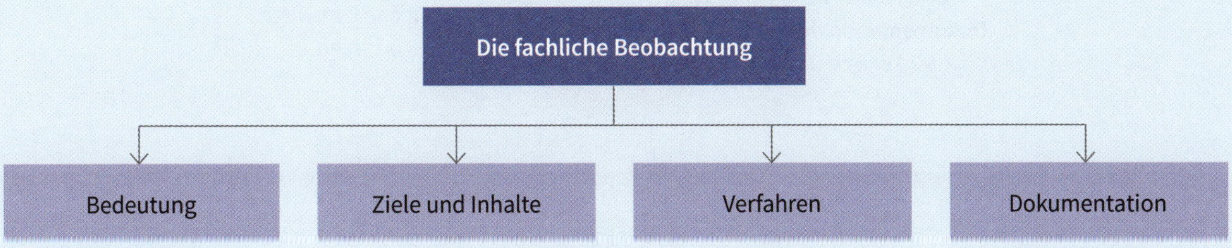

1. Objekt entdecken: Schaut, was ich gefunden habe!

2. Objekt erproben: Was kann ich damit machen?

3. Freude über den Erfolg: Schaut mal, was ich geschafft habe!

4. Weitere Erkundungen

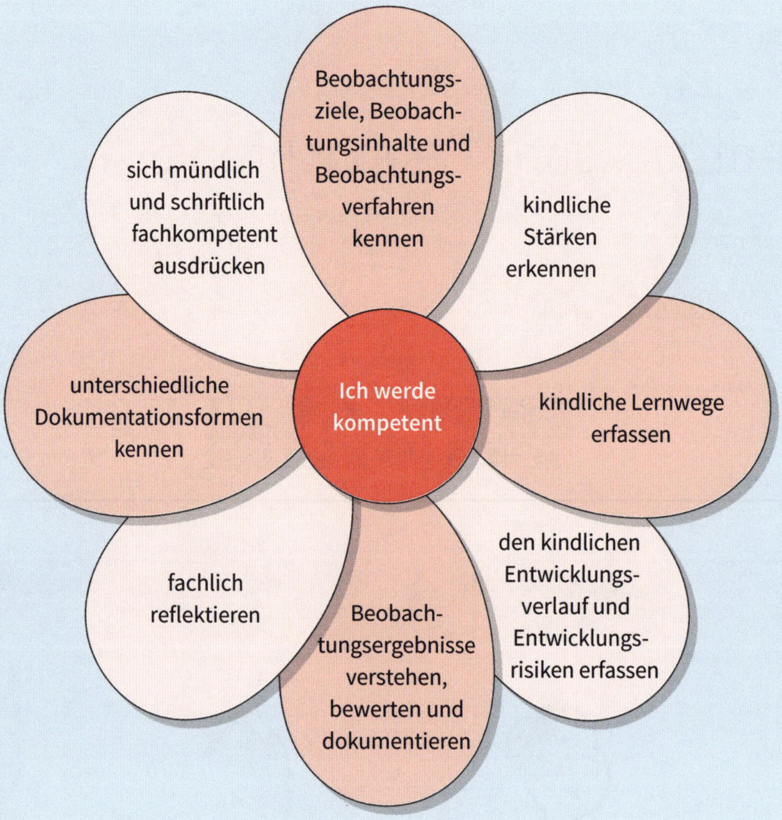

2.1 Wahrnehmung als Voraussetzung zur Beobachtung

Menschen tasten mit ihren Augen dasselbe Beobachtungsobjekt unterschiedlich ab. Zwei Personen, die dasselbe sehen, nehmen also nicht unbedingt dasselbe wahr.

Wahrnehmung ist vorstellbar als komplizierter Kreislauf von Beobachtung, Denken und Fühlen. Wahrnehmen heißt, Eindrücke von der Welt mit allen Sinnen aufzunehmen, in unsere Vorerfahrungen einzuordnen, ihnen einen Sinn zu geben und diese Eindrücke so für uns als „wahr" zu erleben. Was wir wahrnehmen, ist also stark subjektiv gefärbt.

Das Beobachtungsergebnis ist nur ein Teil der Realität.

Beim Beobachten sollte dem Beobachtenden bewusst sein, dass es zu Wahrnehmungstäuschungen kommen kann und er nicht mit allen Sinnen gleich gut wahrnimmt.

Aufgaben

1. Betrachten Sie das Bild und beschreiben Sie, was Sie wahrnehmen, was Sie sehen.
2. Wie viele Quadrate sehen Sie?
3. Tauschen Sie Ihre Ergebnisse in der Ausbildungsgruppe aus. Gibt es unterschiedliche Lösungen?
4. Wodurch wird unsere Wahrnehmung beeinflusst? Recherchieren Sie im Internet.
5. Schreiben Sie je eine Antwort auf ein Moderationskärtchen und gestalten Sie damit in der Gruppe gemeinsam ein farbiges und kreatives Plakat.

2.2 Beobachtungsaufgaben für das Praktikum mit Auswertung und Dokumentation

Die fachliche Beobachtung ist der Dreh- und Angelpunkt der pädagogischen Arbeit.

Aufgaben

1. Stellen Sie jeweils zwei gleichfarbige Fragekärtchen mit den unten stehenden Fragen her.
2. Nummerieren Sie die Fragen in einer für Sie sinnvollen Reihenfolge.
3. Führen Sie mit Ihrer Praxisanleitung ein Interview und notieren Sie sich Stichworte auf das farblich passende zweite Kärtchen.

Welche Bedeutung hat die fachliche Beobachtung in Ihrer Einrichtung?	Welche Beobachtungsinstrumente werden in der Einrichtung verwendet?
Welche Ziele hat das Team bei der fachlichen Beobachtung?	Wie findet der Austausch im Team über die Beobachtungsergebnisse statt?
Wie werten Sie die Beobachtungsergebnisse aus?	Wie dokumentieren Sie Ihre Beobachtungsergebnisse?
Welche Probleme gibt es dabei?	Haben Kinder und Eltern Einblick in die Dokumentation der Beobachtungsergebnisse?

4. Präsentieren Sie Ihre Ergebnisse in Ihrer Ausbildungsgruppe.
5. Sammeln Sie die farbigen Stichwortkärtchen aller Mitschülerinnen an einer Pinnwand.
6. Clustern, ordnen und strukturieren Sie Ihre Ergebnisse:
   - Fragestellungen sortieren,
   - Antworten, die zusammengehören, sortieren,
   - einen Oberbegriff dazu finden,
   - Zusammenhänge finden und kreativ verbinden.
7. Auswertungsgespräch
   - Wo stellen Sie Unterschiede bei den Antworten fest?
   - Haben sich neue Fragen ergeben, die Sie mit Ihrer Praxisanleitung besprechen möchten?
   - Erstellen Sie dazu neue Fragekärtchen und bringen Sie diese am nächsten Praxistag mit in die Einrichtung.
8. Erstellen Sie mit Ihrer Praxisanleitung einen Beobachtungsplan für Ihre Ausbildung.

Web

Mein Beobachtungsplan im Praktikum

Vorname: ______________________	Praxisstelle: ____________________ (Stempel)
1. Halbjahr • wiederkehrende Situationen, Rituale • Gesamtgruppe • Kind • Lernfortschritte • Entwicklungsrisiko • äußere Bedingungen • Selbstbeobachtung	Beobachtungsaufgaben ____________________ ____________________ ____________________ ____________________ ____________________
1. Halbjahr • wiederkehrende Situationen, Rituale • Gesamtgruppe • Kind • Lernfortschritte • Entwicklungsrisiko • äußere Bedingungen • Selbstbeobachtung	Beobachtungsaufgaben ____________________ ____________________ ____________________ ____________________ ____________________
Reflexion zu meinen Beobachtungsergebnissen im 1. Halbjahr Wie geht es mir dabei? Was überrascht mich? Was habe ich entdeckt? Was hat mich neugierig gemacht? ____________________	
Reflexion zu meinen Beobachtungsergebnissen im 2. Halbjahr Wie geht es mir dabei? Was überrascht mich? Was habe ich entdeckt? Was hat mich neugierig gemacht? ____________________	

2.3 Ein Kind beobachten

Anhand der folgenden Aufgaben lernen Sie, ein Kind zu beobachten: seine Stärken, Lernfortschritte und eventuelle Entwicklungsrisiken festzustellen, die Ergebnisse verantwortungsvoll auszuwerten, Ziele für das Kind zu setzen und moderierte Bildungsangebote zu planen.

Aufgabe

Wählen Sie mit Ihrer Praxisanleitung zusammen ein Beobachtungskind, das Sie regelmäßig beobachten. Sie erfassen damit die Entwicklungs- und Bildungsfortschritte des Kindes.

Bei den Beobachtungen verwenden Sie in Absprache mit der Anleitung verschiedene Beobachtungsverfahren, z. B. Zeitlupenprotokolle, Kinderzeichnungen, die kindlichen Äußerungen dazu, Beobachtungsbögen aus der Einrichtung, Raumskizzen oder Soziogramme.

Aufgabe

Beobachten Sie Kinder in den verschiedenen Spielbereichen des Freispiels und verfassen Sie dabei jeweils ein Zeitlupenprotokoll nach folgender Gliederung.

Zeitlupenprotokoll

Web

Beobachtungsbogen

für ____

(Vorname, Alter des Kindes)

ausgefüllt am: ____________________ Beobachtungszeitraum: ____________________

(Datum) *(Uhrzeit)*

ausgefüllt von ____

(Ihr Name)

1. Anlass/Ziel der Beobachtung
   Was möchte ich über das Kind erfahren?
2. Allgemeine Situation in der Gruppe
   In welcher Situation beobachte ich das Kind? In welchem Raum? Wie viele Kinder sind anwesend? Wie viele Erwachsene? Womit ist das Kind beschäftigt? Womit bin ich beschäftigt? Wie kam es zu dieser Beobachtung?
3. Verhaltensbeschreibung
   Wertfreie Beschreibung des beobachteten Verhaltens in Zeitlupe mit Zeitangabe unter den Fragestellungen: „Wie verhält sich das Kind?“, „Wie handelt es?“, „Mit wem tut es etwas?“, „Was sagt es?“, „Womit beschäftigt sich das Kind?“ usw.
4. Auswertung
   - eigene Gedanken, überraschende Entdeckungen zum beobachteten Verhalten
   - weitere Fragestellungen

Beobachtungsprotokoll eines Kindes in einer Sternstunde

Sie widmen jedem Kind eine halbe Stunde, um das Kind intensiver kennenzulernen, und erstellen ein Zeitlupenprotokoll mit Auswertung nach folgender Gliederung:

Web

Eine Sternstunde für

Kind: ______________________________

(Vorname oder Abkürzung, Alter mit Jahr und Monat, z. B. 3;2 Jahre)

Beobachtungstag und Zeitraum: ______________________________

Ort: ______________________________

Beschreibung der ausgewählten Situation: ______________________________

____

Auswertung:

Was hat das Kind sich gewünscht?

____

Was hat das Kind zu dieser Sternstunde gesagt?

____

Was haben wir zusammen unternommen?

____

Welche Aktivitäten hat das Kind entfaltet?

____

Worüber haben wir gesprochen?

____

Was hat das Kind erzählt?

____

Welche Themen beschäftigen das Kind momentan?

____

Was ist ihm wichtig?

____

Was habe ich erfahren, was ich bisher nicht wusste?

____

Welche Unterstützung braucht das Kind gegenwärtig?

____

Welche Anreize und Anregungen könnten dem Kind guttun?

____

Welche Herausforderungen oder Veränderungen wären wichtig?

____

Sonstiges

____

(vgl. Baumann/Jung, 2006, S. 34)

Entwicklungsbriefe informieren das Kind über seine Lernfortschritte

Aufgaben

1. Werten Sie Ihre Beobachtungsergebnisse anhand der Checkliste im Fachbuch für den Entwicklungsbericht aus.
2. Schreiben Sie Ihrem Beobachtungkind einen Entwicklungsbrief.
3. Teilen Sie ihm darin seine Lernfortschritte mit und bestärken Sie sein erwünschtes Verhalten.
4. Besprechen Sie den Entwicklungsbrief mit Ihrer Praxisanleitung.
5. Lesen Sie dem Kind diesen Brief vor.
6. Dokumentieren Sie die Reaktion des Kindes und achten Sie dabei auf Ihre Gefühle.
7. Reflektieren Sie: Wie ging es Ihnen beim Verfassen des Entwicklungsbriefes und beim Vorlesen?
8. Das Kind darf seinen Entwicklungsbrief kreativ gestalten und ihn in seine Dokumentationsmappe, Schatzkiste oder in sein Portfolio geben.

Web

Entwicklungsbrief für

____

Lieber/Liebe ____________________

____

Ein Beobachtungskind pädagogisch begleiten

Sie kennen die Stärken des Beobachtungskindes und haben sicher Ideen, wie Sie sein Lernen begleiten können.

Aufgaben

1. Sammeln Sie Ideen für Ziele und die dazugehörigen pädagogischen Bildungsangebote

Web

Meine Ideen zu Zielsetzungen und pädagogischen Bildungsangeboten für

Vorname: ____________________

____

2. Markieren Sie das Ziel und das pädagogische Bildungsangebot, das Sie für vorrangig halten. Begründen Sie Ihre Auswahl.
3. Planen Sie in Absprache mit der Praxisanleitung dieses moderierte Bildungsangebot, führen Sie dieses durch und erstellen Sie eine Reflexion.
4. Vergleichen Sie Ihr Ergebnis mit dem Ziel, das Sie sich aufgrund der Beobachtung gesetzt haben.

Web

Ziele und Planung des Bildungssangebotes mit dem Thema

____

5. Beschreiben Sie Anhaltspunkte für weitere Beobachtungeziele und -inhalte für dieses Kind.

Web

Neue Beobachtungsziele und -inhalte

____

2.4 Das Verhalten der pädagogischen Fachkraft beobachten

Aufgaben

1. Beobachten Sie Ihre Praxisanleitung, wie sie die Kinder und die Begleitpersonen in der Bringzeit begrüßt. Verwenden Sie dafür das Arbeitsblatt.

Web

Begrüßung in der Bringzeit

Das sagt die Praxisanleitung zum Kind:	Das sagt die Praxisanleitung zur Begleitperson:	Das werde ich mir merken im Umgang mit diesem Kind und seiner Begleitperson:
1.	1.	
2.	2.	

2. Tauschen Sie Ihre Beobachtungen mit Ihrer Praxisanleitung aus.
3. Werten Sie gemeinsam Ihre Aufzeichnungen aus:
   Wie zeigt die Praxisanleitung bei der Begrüßung der Kinder und ihrer Begleitpersonen in der Bringzeit Feinfühligkeit und Beziehungsfähigkeit, welche Kommunikationsmuster, Handlungsmuster und Handlungsstrategien gibt es?
4. Dokumentieren Sie die Gesprächsergebnisse im Praxisbericht.

Web

Feinfühligkeit und Beziehungsfähigkeit, Kommunikationsmuster, Handlungsmuster und Handlungsstrategien in der Bringzeit

Mein Verhalten den Kindern und Begleitpersonen gegenüber in der Bringzeit – darauf achte ich besonders:

___

2.5 Wiederkehrende Situationen beobachten

Beobachtung eines Kindes während der Bringzeit und der Abholzeit mit Auswertung

Das Verhalten der Kinder beim Ankommen und Verabschieden und die eigene Kontaktaufnahme bzw. die Verabschiedung werden beobachtet.

Es kommt bei diesen Beobachtungen darauf an, die Situation beim Ankommen und Abholen eines Kindes wahrzunehmen, zu beschreiben, sich in die Gefühle des Kindes hineinzuversetzen und sich bewusst zu machen, was das Kind jetzt braucht, um angemessen zu handeln. Außerdem nehmen Sie die eigene Kontaktaufnahme zu den Kindern und die Verabschiedung von den Kindern bewusst wahr.

Aufgaben

1. Erstellen Sie ein Zeitlupenprotokoll für ein Kind in der Bringzeit und in der Abholzeit. Verwenden Sie dabei die Formblätter auf dieser und der nächsten Seite.

Web

Beobachtung eines Kindes in der Bringzeit

Beobachtetes Kind: ___

(Vorname oder Abkürzung, Alter mit Jahr und Monat, z. B. 3;2 Jahre)

___

Beobachtungstag und Zeitraum: ___

___

Beschreibung der beobachteten Situation beim Bringen
Wer ist beteiligt? Wie gestaltet sich die Verabschiedung von der Begleitperson? Kann diese noch in der Gruppe verweilen? Geht das Kind auf jemanden zu bzw. auf wen geht es zuerst zu? Schaut es den anderen Kindern zunächst lieber beim Spielen zu? Möchte es erst allein spielen?

Zusammenfassend habe ich über das Kind beim Kommen erfahren:

Meine Vorsätze zur Kontaktaufnahme zu diesem Kind in der Bringzeit (mit Begründung):

2. Tauschen Sie Ihre Beobachtungen beim Reflexionsgespräch mit Ihrer Praxisanleitung aus. Dokumentieren Sie die Gesprächsergebnisse. Was hat Sie dabei überrascht?

Das habe ich im Reflexionsgespräch dazu erfahren:

____

Web

Beobachtung eines Kindes in der Abholzeit

BeobachtetesKind: ____________________
(Vorname oder Abkürzung, Alter mit Jahr und Monat, z. B. 3;2 Jahre)

Beobachtungstag und Zeitraum: ____________________

Beschreibung der beobachteten Situation beim Abholen
Wer holt das Kind ab? Wie erfolgt die Begrüßung? Wie verläuft die Verabschiedung von Kindern und pädagogischen Fachkräften?

Was habe ich zusammenfassend beim Abschied über das Kind erfahren?

Wie habe ich mich verabschiedet? Meine Vorsätze zur Verabschiedung von diesem Kinder in der Abholzeit (mit Begründung):

Aufgabe zur Auswertung und Dokumentation

Tauschen Sie Ihre Beobachtungen beim Reflexionsgespräch mit Ihrer Praxisanleitung aus. Dokumentieren Sie die Gesprächsergebnisse. Was hat Sie dabei überrascht? Was haben Sie gelernt?

Das habe ich im Reflexionsgespräch dazu erfahren:

Beim Umziehen in der Garderobe den Überblick über die Gruppe behalten

In der Garderobe beim Umziehen behalten Sie den Überblick über das Geschehen. Sie erkennen, welche Fähigkeiten und Fertigkeiten die Kinder dabei haben und wer Hilfe braucht.

Aufgaben

1. Analysieren Sie die Karikatur:
   a) Beschreiben Sie die Abbildung (Vordergrund, links, rechts, Hintergrund).
   b) Erläutern Sie das Thema und das Problem der abgebildeten Personen.
   c) Versehen Sie die Personen mit Buchstaben und machen Sie sich Gedanken zu jeder Einzelheit, die Sie auf dem Bild wahrnehmen (z. B.: Was denken sich die jeweils abgebildeten Personen?).
   d) Schreiben Sie Ihre Meinung dazu.
   e) Gibt es ähnliche Erinnerungen aus Ihrem Praktikum?
   f) Tauschen Sie Ihre Gedanken in der Ausbildungsgruppe aus. Gibt es gemeinsame Erfahrungen? Welche sind das?
   g) Entwerfen Sie gemeinsam eine To-Do-Liste für die pädagogische Fachkraft.

Beschreibung der Abbildung

____

____

____

Das Thema der Abbildung und Probleme

____

A.

____

B.

____

C.

____

D.

____

E.

____

F.

G.

Meine Meinung

2. Erstellen Sie eine Skizze von der Garderobe Ihrer Praxisgruppe.

Raumskizze: Garderobe

3. Notieren Sie dazu drei Regeln, die für das Verhalten der Kinder in der Garderobe gelten.

Drei Regeln für das Verhalten der Kinder beim Umziehen in der Garderobe

1.

2.

3.

4. Notieren Sie, worauf Sie in der Garderobe beim Umziehen der Kinder besonders achten.

Worauf achte ich besonders?

(z. B. die Reihenfolge der Kleidungsstücke beim Kleidungswechsel)

____

____

____

5. Beobachten Sie bei drei Kindern,
a) was das jeweilige Kind beim Umziehen allein schafft,
b) welche Hilfe es braucht.
c) Entscheiden Sie, wie Sie diese Kinder in ihren Fähigkeiten unterstützen können.

Web

Wir ziehen uns in der Garderobe um und gehen in den Garten

Beobachterin: __________ **Datum:** __________ **Uhrzeit:** __________

Vorname, Alter des Kindes	Das kann das Kind beim Umziehen in der Garderobe	Darauf achte ich bei diesem Kind
1.		
2.		
3.		

6. Tauschen Sie Ihre Beobachtungen beim Reflexionsgespräch mit Ihrer Praxisanleitung aus. Dokumentieren Sie die Gesprächsergebnisse in Ihrem Portfolio.

Das habe ich im Reflexionsgespräch dazu erfahren

2.6 Formen der Dokumentation

Das **Portfolio** erfasst das Geschehen, die Lernwege und Lernstrategien von jedem Kind.

Aufgaben

1. Analysieren Sie die Karikatur:
   a) Beschreiben Sie die Zeichnung (Vordergrund, links, rechts, Hintergrund, Text).
   b) Erläutern Sie das Thema und das Problem der abgebildeten Personen.
   c) Machen Sie sich Gedanken zu jeder Einzelheit, die Sie auf dem Bild wahrnehmen (z. B.: Was denken sich die neun abgebildeten Personen jeweils?) Versehen Sie die Personen mit Großbuchstaben.
   d) Schreiben Sie Ihre Meinung dazu.

Beschreibung der Abbildung

Das Thema der Abbildung und dargestellte Probleme

A.

B.

C.

D.

E.

F.

G.

H.

I.

Meine Meinung

2. Sammeln Sie in der Ausbildungsgruppe die verschiedenen Formen der Dokumentation der Kinderbeobachtungen auf Moderationskarten an einer Pinnwand.
3. Werten Sie mit einem Punkt, welche Form der Dokumentation Sie gut finden und begründen Sie Ihre Meinung.

Web

Formen der Dokumentation

____

____

4. Welche Dokumentationsform hat die meisten Punkte erhalten?
   Diskutieren Sie das Ergebnis in der Ausbildungsgruppe.

2.7 Kritische Distanz beim Beobachten

Aufgabe

Tragen Sie in die folgende Tabelle ein, was Ihnen beim Beobachten, Auswerten und Dokumentieren leicht- und was Ihnen dabei schwerfällt.

Ich übe mich in kritischer Distanz beim Beobachten und Auswerten von Beobachtungen

Was mir leichtfällt	Was mir schwerfällt

3 Grundlegende Bedürfnisse von Kindern

Grundlegende Bedürfnisse
- Tagesablauf
- Raum- und Lernortgestaltung
- individuelle Bedürfnisse von Kindern
- Grundbedürfnisse

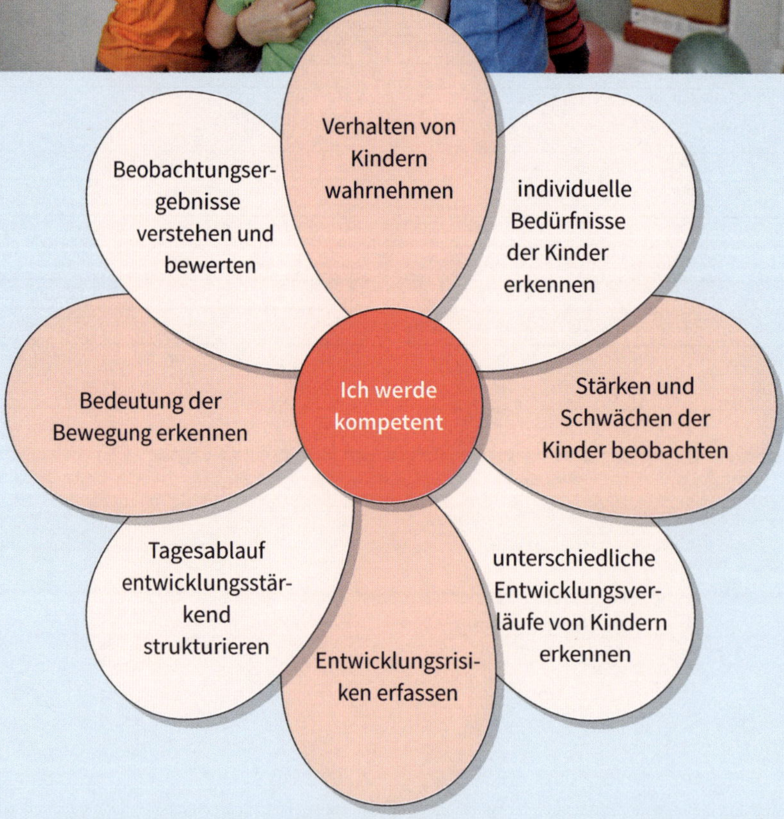

3.1 Grundbedürfnisse

Aufgaben

1. Betrachten Sie die unten stehende Raumskizze
   oder fertigen Sie nach diesem Muster eine Ihnen bekannte Raumaufteilung an für

   a) Krippenkinder oder
   b) Kindergartenkinder oder
   c) Hortkinder (vgl. auch das Schülerbuch „Praxis- und Methodenlehre“)

2. Überlegen Sie mithilfe der Bedürfnispyramide im Fachbuch, welche Bedürfnisse von Kindern Sie erkennen können und in welchen Bereichen des Raumes diese erfüllt werden können. Tragen Sie die jeweiligen Bedürfnisse in die Skizze ein.

Raumskizze von ______________________ am ______________________

3.2 Bedürfnisgerechte Raum- und Lernortgestaltung

Sie sind in der Lage, sich zu vergewissern, ob wichtige Bedürfnisse der Kinder in Ihrer Einrichtung im Gruppenraum befriedigt werden können und ob die äußeren Bedingungen eine geeignete Lern- und Spielumgebung darstellen.

Aufgaben

1. Informieren Sie sich im Schülerbuch über kindliche Bedürfnisse in Räumen und Spielbereichen und tragen Sie die entsprechenden Bedürfnisse in die Tabelle auf S. 50 ein.
2. Erörtern Sie im nächsten Schritt die Vor- und Nachteile der Lage der einzelnen Spielbereiche im Gruppenraum und machen Sie gegebenenfalls Vorschläge zur Verbesserung.

Bedürfnisse von Kindern in den Spielbereichen meiner Praktikumsgruppe

Bereich im Raum/ Bedürfnisse	Vorteile +/Nachteile –	Vorschläge

Aufgaben

1. Auch Teammitglieder haben Wünsche und Bedürfnisse im Hinblick auf die Räumlichkeiten ihres Arbeitsplatzes. Überlegen Sie, welche das sein könnten. Vergleichen Sie den Gruppenraum und den Mitarbeiterraum im Hinblick darauf.
2. Diskutieren Sie Ihre Erfahrungen und Ergebnisse in der Gruppe.

Räumlichkeiten und Bedürfnisse

Raum	Bedürfnisse	Vorschläge/Kommentare
Raum:		
Raum:		

3.3 Bedürfnisgerechter Tagesablauf

Neben den räumlichen Gegebenheiten ist auch die bedürfnisgerechte Planung des Tagesablaufes für die Kinder eine Voraussetzung zur Entfaltung ihrer Persönlichkeit. Immer wiederkehrende Tagesphasen, Rituale und sich wiederholende Tätigkeiten spielen dabei eine wichtige Rolle.

Aufgaben

1. Schneiden Sie 15 gleich große Papierstücke zurecht (jeweils ca. 1 × 4 cm), auf die Sie jeweils eine Tätigkeit schreiben, die Sie am Tag ausüben.
2. Ordnen Sie dann die beschrifteten Papierstücke nach dem Tagesablauf und kleben Sie diese auf die rechte Spalte der folgenden Übersicht.
3. Kreuzen Sie fünf der für Sie wichtigsten Rituale, Vorlieben oder Gewohnheiten an.
4. Tauschen Sie Ihre Ergebnisse in der Gruppe aus und vergleichen Sie. (vgl. Freigang, S. 50 f.)

Tagesgeschehen in meiner Gruppe

Tagesphase	Tätigkeiten, Rituale, Gewohnheiten, Aktivitäten
Morgen	
Vormittag	
Mittag	
Nachmittag	
Abend	

In vielen Einrichtungen sind Sitzkreise in der Gruppe ein sich täglich wiederholendes Ritual. Bilden Sie sich eine Meinung über den Wert dieses Rituals.

Aufgabe

Sammeln Sie die Vor- und Nachteile eines täglichen Stuhlkreises für die gesamte Gruppe zu den unten angegebenen Zeitpunkten. Tragen Sie Ihre Ergebnisse in die Tabelle ein.

Der Stuhlkreis in meiner Gruppe

Zeitpunkt des Stuhlkreises	Vorteile +/Nachteile –	Eigene Erfahrungen
Runde am Morgen zur Begrüßung		
Runde zum Abschluss, z. B. am Mittag		
Stuhlkreis am Nachmittag		

Kontakte in der Gruppe beobachten

Während Ihres regelmäßigen Praktikums können Sie mithilfe des folgenden Beobachtungsbogens festhalten, welche Kinder miteinander in Kontakt treten, wie die Kontaktaufnahme verläuft, wie sich die Kinder verstehen und ob gemeinsame Spielideen entwickelt oder verfolgt werden.

Wenn Sie diese Beobachtung öfters wiederholen, ist eine Auswertung möglich, mit der Sie fundierte Aussagen über das beobachtete Verhalten der Kinder in Ihrer Gruppe treffen können.

Web

Kontakte in meiner Gruppe

Namen	1	2	3							
1										
2										

Tragen Sie in die Liste Vornamen und Alter der Kinder ein und notieren Sie die folgenden Symbole:

- Wer ist mit wem in Kontakt getreten? (Mit I kennzeichnen)
- Gibt es Unsicherheiten in der Kontaktaufnahme? (mit ? kennzeichnen)
- Wie verstehen sich die Kinder untereinander? (mit + bzw. – kennzeichnen)
- Sind gemeinsame Spielideen vorhanden? (mit S kennzeichnen)

3.4 Kinder mit Entwicklungsgefährdung

Aufgaben

1. Notieren Sie die Ihnen bekannten Entwicklungsgefährdungen von Kindern.

Ich kenne folgende Entwicklungsgefährdungen bei Kindern:

____

____

____

____

____

2. Entwickeln Sie Fragekärtchen für ein Interview mit Ihrer Praxisanleitung über die Entwicklungsgefährdungen der Kinder. Führen Sie das Interview durch.
3. Reflektieren und erklären Sie, was Sie aus dem Interview mit der Praxisanleitung gelernt haben.

Web

Entwicklungsgefährdung

Protokoll/Interview	
Beteiligte Personen:	
Datum /Uhrzeit/Ort:	
Frage	Antwort
1.	1.
2.	2.

Was ich aus dem Gespräch gelernt habe:

____

____

____

4. Tauschen Sie Ihre Ergebnisse in der Ausbildungsgruppe aus.
   Was hat Sie überrascht?

Dieses Wissen hilft mir im Umgang mit Kindern mit Entwicklungsgefährdung. Darauf achte ich besonders:

____

____

____

____

____

Entwicklungsgefährdung verstehen

Fallbeispiel: Daniel kommt in den Kindergarten

In der Praxisgruppe der Praktikantin Susanne gibt es zwölf Mädchen und dreizehn Jungen. Sieben Kinder haben einen Migrationshintergrund (zwei Mädchen und drei Jungen haben türkische Eltern, ein Junge und ein Mädchen sind Kinder Asyl suchender Familien, deren Aufenthaltsgenehmigung noch in der Schwebe ist), acht Kinder kommen im Herbst in die Schule. Die Kindertagesstätte liegt in einer Hochhaussiedlung, die im Rahmen des Sozialen Wohnungsbaus der Stadt gebaut wurde. Die Wohnungen werden vorwiegend von Alleinerziehenden und alten Menschen bewohnt.

Die Praktikantin Susanne beobachtet Daniel regelmäßig. Er ist fünf Jahre und lebt mit seiner Mutter, seiner Oma und seiner kleinen Schwester (zwei Jahre) in einem dieser Hochhäuser. Sie fasst ihre Beobachtungen wie folgt zusammen.

15. September

Zu Beginn des Kindergartenjahres schiebt die Großmutter Daniel mit energischen Worten wie „Mach, dass du reinkommst" zur Tür herein. Ohne ein Wort des Abschieds und ohne jegliche Begrüßung uns gegenüber drückt sich Daniel im Zimmer herum.

Er stößt uns weg, spuckt, bellt wie ein Hund und schlägt auch manchmal um sich. Keines der Kinder lässt er an sich heran. Er stört alle gemeinsamen Aktivitäten mit unruhigem Herumturnen auf dem Stuhl, Spucken und Schlagen: „Ich mag dich nicht!" Er sträubt sich, etwas zu essen.

30. September

Zwei Wochen später: Ich begrüße Daniel. Er läuft mit „Geh weg, ich mag dich nicht" zur Tür und blickte mich herausfordernd an. Die Kinder sondern sich ab, sie ärgern Daniel, worauf dieser mit Spucken, lautem Schreien und Schlägen reagiert. Im Stuhlkreis wird die Ruhe durch Daniels Stören immer wieder unterbrochen. Ruhige Worte verfehlen ihre Wirkung völlig, mahnende Worte ergeben kurze Zeit einen Erfolg, doch schon bald wieder diese Unruhe.

12. Oktober

Daniel spuckt umher wie ein Kranker und reizt die Kinder mit Bellen. Die Kinder wehren sich. Der Kampf der Kinder lässt die Erzieherin einschreiten. Daniel soll sich am Tisch beschäftigen. Er murmelt dabei Worte „Mistvieh", „blöde Sau" vor sich her. Daniel isst wieder nichts.

Beim Abholen höre ich, wie Daniels Großmutter ihn am Arm zerrt mit den Worten: „Wenn du das gleiche Theater machst wie heute früh, hau ich dir eine Schelle runter." Eilig zieht die Oma Daniel fort.

27. Oktober
Daniel isst seit drei Tagen nicht. Er schreit die Erzieherin an: „Geh weg, Mistvieh, ich mag dich nicht." Er ist ruhelos im Gruppenraum unterwegs und zeigt sich den Kindern gegenüber abweisend. Beim Turnen wehrt sich Daniel mit allen Mitteln. Er will nicht mitgehen.

Die Kinder werden abgeholt. Zum ersten Mal wird Daniel von seiner Mutter und der zweijährigen Schwester abgeholt. Die Mutter ist abweisend, beinahe drohend, zieht das Kind mit sich fort, schnell und eilig.

Für nächste Woche wird ein Elterngespräch vereinbart.

14. November
Daniel wirkt ruhig beim Spiel. Er sitzt da und beschäftigt sich mit den Bausteinen. Ganz vertieft wirkt er. Nähert sich jedoch ein Kind, zuckt er zusammen und „giftelt" herum. Die Kinder lassen ihn in Ruhe, halten Abstand.

Im Stuhlkreis wirkt Daniel ziemlich abwesend, unruhig und ärgert andere Kinder. Im Garten ist Daniel allein. Beim Abholen zwingt ihn die Oma beinahe, mir die Hand zu geben. Mit einem „Ich mag nicht" rennt Daniel davon.

Ich erkundige mich nach dem Elterngespräch.

Die Erzieherin winkt ab: „Kann man vergessen." Die Mutter habe gemeint, „mit Strenge und Schlägen könnte man den gestörten und verzogenen Jungen gerade noch ertragen."

16. November
Daniel sitzt bei Marina (einer Praktikantin) auf dem Schoß und sie spielen „Tempo, kleine Schnecke", was zu Daniels Lieblingsspielen zählt.

Kleine Schummeleien werden sanft erklärt. Daniel spricht dabei so gut wie gar nicht und wenn, dann eher drohend, herausfordernd und abweisend. Später läuft Daniel unruhig im Raum herum. An einer Gemeinschaftsarbeit beteiligt er sich nicht. Er macht später als alle anderen Brotzeit.

30. November
Heute macht Daniel auf Marinas sanfte Bitte hin beim Nikolausdruck mit.

Ich spiele mit zwei Kindern „Tempo, kleine Schnecke". Jedes Mal, wenn die richtige Farbe gewürfelt wird, freuen sich die beiden überschwänglich. Daniel schaut zu und lacht jedes Mal mit.

4. Dezember
Daniel kämpft mit einem anderen Jungen. Energisch gehe ich dazwischen. Daniel spuckt, funkelt mich herausfordernd an. Mit den Worten „Geh weg, ich mag dich nicht", läuft er davon. Im Laufe des Tages beruhigt sich Daniel wieder, sucht sogar vereinzelt Kontakt zu anderen Kindern. Im Stuhlkreis und im Garten ist Daniel ziemlich unruhig.

10. Januar
Daniel spielt mit drei anderen Jungen in der Bauecke. Vereinzelt lassen sich die Kinder durch Daniels Verhalten, seine herausfordernden Blicke und seine Wortkargheit nicht abschrecken, sie spielen mit ihm. Bestimmten Kindern weicht er aus. Er geht mit zum Turnen. Er turnt nicht mit.

30. Januar
Daniel geht mit zum Turnen und macht mit. Sein herausfordernder Blick ist geblieben, er geht auf Kinder und auf die Erzieherinnen zu mit der Bitte, ein Spiel mit ihm zu spielen.

Er isst, sitzt für kurze Zeit ruhig und spuckt nur noch selten.

Auswertung im Team – Fachlicher Diskurs

Im Rollenspiel werden im Team verschiedene Erkenntnisse gewonnen und Schlussfolgerungen gezogen:

- Fragestellungen zum kindlichen Verhalten und dessen Ursachen finden,
- sich in die betroffenen Personen einfühlen,
- Schlussfolgerungen hinsichtlich der Absichten aller betroffenen Personen ziehen.

In der **Einfühlung** liegt oft schon die Lösung.

Aufgabe

Spielen Sie in Gruppen im Rollenspiel Szenen aus den Beobachtungsaufzeichnungen.
Die Beobachter fühlen sich beim Spiel in jede Rolle ein.

Auswertungsfragen für die Rollenspielerinnen
Daniel, Praktikantin, Erzieherin, Marina, Oma, Mutter, Kindergartenkinder, die zweijährige Schwester

1. Wie fühlen Sie sich in Ihrer Rolle?
2. Was haben Sie in der Rolle erlebt? Wie geht es Ihnen?

Auswertungsfragen für die Beobachterinnen

1. In welche Rolle konnten Sie sich einfühlen?
2. In welche Rolle konnten Sie sich nicht einfühlen?
3. Was haben Sie in Ihrer Einfühlung in die Rolle erlebt?
4. Wie geht es Ihnen jetzt?
5. Auswertungsfrage: Was ist da los?
   - In welcher Situation zeigt Daniel das auffällige Verhalten?
   - Welche Gefühle kommen bei ihm zum Vorschein?
   - Welche Gefühle kommen bei den beteiligten Kindern zum Vorschein?
   - Was beschäftigt Sie noch nach diesem Situationsspiel?
   - Wie betroffen sind Sie selbst?
     - Was ist da los?
     - Welche Fragen sind noch offen?
     - Welche Ziele, welches pädagogischen Handlungen werden deutlich?
6. Spielen Sie im Rollenspiel das Elterngespräch (mit der Oma oder mit der Mutter).
   - Wie haben Sie sich in Ihrer Rolle gefühlt?
   - Wie haben Sie Ihre Mitspielerinnen empfunden?
   - In wen haben Sie sich gut einfühlen können? Wie ist es Ihnen dabei ergangen?
   - In wen konnten Sie sich nicht einfühlen? Warum nicht?
7. Was beschäftigt Sie nach diesem Situationsspiel? Wie betroffen sind Sie selbst? Erläutern Sie Ihre Gedanken zur Situation aller betroffenen Personen. Wo liegt die Lösung? Diskutieren Sie die Ergebnisse in der Gruppe. Entwickeln Sie gemeinsam Handlungsstrategien. Überprüfen Sie diese erneut im Situationsspiel. Was hat Sie dabei überrascht?

In der Einfühlung liegt die Lösung

Meine Gedanken zur Situation aller betroffenen Personen

____

____

____

____

____

____

____

Niemand darf wegen seiner Behinderung benachteiligt werden

„Kultur der Hilfe

Behinderung ist ungerecht. Der Versuch, diese Ungerechtigkeit durch Inklusion auszugleichen, wäre ein gesellschaftliches Großprojekt. [...]

Inklusion bedeutet den Zugang zum Gesundheitssystem, zu Bildung und Ausbildung, sie bedeutet die Teilhabe am Arbeitsleben. Auch Menschen, die nicht gehen können, sollen ihren Weg gehen können. [...]

‚Die Würde des Menschen ist unantastbar.' [...]

‚Niemand darf wegen seiner Behinderung benachteiligt werden.'"

Diese Sätze im Grundgesetz fordern „zuallererst, Menschen mit Behinderung nicht zu verstecken und sie nicht am öffentlichen Leben zu hindern. Jahrzehntelang wurden Menschen mit Behinderung auf diese Weise unsichtbar gemacht, auch Kinder. Das geht nicht. Das darf nicht sein. [...]

Inklusion beginnt mit der Sichtbarmachung. [...] Eine Bevorzugung von Kindern mit Behinderung ist nicht verboten. Mehr noch: Sie ist geboten. Sie ist ein Nachteils- und Schicksalsausgleich. [...] Hilfsbedürftigkeit gehört zum Menschsein: Das lehrt die Inklusion.

‚Die Stärke eines Volkes misst sich am Wohl der Schwachen' – so steht es in der Präambel der Schweizer Verfassung, Das ist ein mutiger Satz, weil die Stärke eines Staates gern an ganz anderen Faktoren bemessen wird. [...] Und ein starker Staat ist ein Staat, der sich um das Wohl der Schwachen kümmert, dabei merkt, dass die Schwachen gar nicht so schwach sind – und dann ihre Stärken, die Perfektion des Unperfekten zu schätzen lernt. Das ist dann wirklich eine Zeitenwende.'"

(Quelle: Prantl: Kultur der Hilfe, 2023, S. 5)

Eine **Zeitenwende**, was die Inklusion betrifft, macht sich gerade in der Ausbildung von Hilfskräften mit Handicap für Kitas bemerkbar.

„Von der Behinderten-Werkstatt in die Kita

Mitglieder des Vereins ‚Zukunft mit Handicap' arbeiten als Hilfskräfte in der Kinderbetreuung. Welche Vorteile das bringt.

[...] Bis vor kurzem hat Annalena Troeger in einer Werkstatt für Menschen mit Behinderung für einen Autohersteller ‚Sachen zusammengesteckt', wie die 21-Jährige aus Taufkirchen erzählt. Ob ihr diese Arbeit gefallen hat? Bei der Frage verdunkelt sich ihre eben noch fröhliche Miene der jungen Frau. ‚Das war ziemlich langweilig', sagt sie dann. Seit einigen Tagen jedoch arbeitet Annalena Troeger in einer Kita in München, wo sie mit den Kindern bastelt, in der Bauecke spielt und das pädagogische Personal als Hilfskraft unterstützt. [...] Parallel zu ihrer Tätigkeit in der Einrichtung strebt Annalena Troeger auch ein Zertifikat in dem Bereich an – nämlich den ‚kleinen Kita-Brief'. Hinter dieser beruflichen Qualifizierungsmaßnahme steht ein Pilotprojekt, das der Verein ‚Zukunft trotz Handicap' aus Höhenkirchen-Siegertsbrunn in Kooperation mit der Gemeinde, dem Verein ‚Lebenshilfe Werkstatt München', dem ‚Augustinum' und der Firma ‚Bildungsimpulse' in Leben gerufen hat. Ein Jahr lang werden insgesamt 10 Menschen mit kognitiven Einschränkungen in Theorie und Praxis darauf vorbereitet, als pädagogische Hilfskräfte in einer Kita zu arbeiten. Parallel dazu sind die neun Teilnehmerinnen und der Teilnehmer bereits in Betreuungseinrichtungen tätig, sodass sie das Gelernte sofort umsetzen können. Nach dem Abschluss des Programms und bestandener Prüfung erhalten sie dann das Zertifikat ‚Kleiner Kita-Brief', mit dem sie sich um eine dauerhafte Anstellung bewerben können – so der Plan.

Menschen mit Handicap seien für Krippen und Kindergärten gleich in mehrfacher Hinsicht eine Bereicherung, findet Katja Gründer, Leiterin des Kindergartens Nikodemäuse in Schwabing. Dort sind bereits seit vielen Jahren drei Hilfskräfte aus den Augustinum-Werkstätten in der Einrichtung tätig. ‚Für die Kinder ist das eine große Bereicherung, weil sie schon früh mit dem Anderssein konfrontiert werden und damit, dass es völlig in Ordnung ist, anders zu sein', sagt Katja Gründer. Zudem hätten die Hilfskräfte – anders als oftmals das pädagogische Personal- viel Zeit, um den Kindern ein Buch vorzulesen oder mit ihnen zu spielen. Auch die Eltern seien von dieser Form der Unterstützung begeistert, betont Katja Gründer. ‚Wir sind bisher noch nicht ein einziges Mal auf Ablehnung gestoßen.'"

(Quelle: Stäbler: Von der Behinderten-Werkstatt in die Kita, 2022)

Aufgaben

1. Lesen Sie die beiden Zeitungstexte.
2. Markieren Sie wichtige Informationen.
3. Erläutern Sie: *Ich finde die Idee des „Kleinen Kita-Brief" interessant, weil ...*
4. Recherchieren Sie im Internet zum Thema: „Pädagogische Hilfskräfte mit Handicap in Kitas". Fassen Sie Ihre Ergebnisse zusammen.
5. Diskutieren Sie diese mit pädagogischen Fachkräften in der Praxisstelle. Gib es unterschiedliche Standpunkte? Was hat Sie überrascht?
6. Vergleichen Sie die unterschiedlichen Standpunkte mit den 17 Leitzielen zur nachhaltigen Entwicklung, z. B. mit dem Ziel der Bildungsgerechtigkeit.
7. Überprüfen Sie: Hat sich dadurch Ihre Einstellung zum Thema Inklusion verändert? Begründen Sie Ihre Meinung: *Ich denke, dass .../Meiner Meinung nach ...*

Ich finde interessant, dass ...

Ich denke, dass ... /Meiner Meinung nach ...

3.5 Besondere Lebenssituationen von Kindern

Scheidung der Eltern

Aufgaben

1. Verabreden Sie sich – in Absprache mit Ihrer Praxisanleitung – mit einer kompetenten Person aus Ihrer Einrichtung zu einem Interview und befragen Sie diese über Beobachtungen bei Kindern aus Scheidungsfamilien und die möglichen Auswirkungen auf das Verhalten der betroffenen Kinder.
2. Erstellen Sie für das Interview Fragekärtchen zur Situation der Familien, evtl. der Patchworkfamilien, zum Verhalten der Kinder, ihrer Väter, Mütter und weiteren am Erziehungsprozess beteiligten Personen, auf denen Sie die Antworten notieren.
3. Tauschen Sie die Ergebnisse in der Ausbildungsgruppe aus.
4. Zu welchem Ergebnis kommen Sie? Was überrascht Sie?

Was ich über Kinder und deren Eltern aus Scheidungsfamilien gelernt habe

Sexueller Missbrauch

„In Deutschland wurden im Jahr 2022 rund 15.500 Fälle von sexuellem Kindesmissbrauch angezeigt. Das Dunkelfeld ist aber um ein Vielfaches größer. Die Weltgesundheitsorganisation (WHO) geht davon aus, dass bis zu eine Million Kinder und Jugendliche in Deutschland bereits sexuelle Gewalt durch Erwachsene erfahren mussten oder erfahren. [...] Viele dieser Fälle gehen nicht in die Kriminalstatistik ein, weil sie nie zur Anzeige gebracht werden [...]."

(Quelle: Unabhängige Beauftragte für Fragen des sexuellen Kindesmissbrauchs: Zahlen zu sexuellem Kindesmissbrauch in Deutschland [13.07.2023].)

Ein Haus für sexuell missbrauchte Kinder

„Burg der Fragezeichen

Wie geht man mit missbrauchten Kindern um? Und wie viel kann eine Seele aushalten? Ein Besuch in einer speziellen Einrichtung in Hamburg

[...] Zehn Kinder im Alter zwischen vier und zwölf leben in der Mattisburg. In Kindergärten oder Kitas sind sie meistens schon aufgefallen, weil sie besonders aggressiv, traurig, schlecht entwickelt waren. Viele haben danach eine ganze Karriere als Therapie-Kind durchgemacht, verschiedene Einrichtungen kennengelernt, Pflegefamilien, Psychopharmaka, ehe sie in die zedernholzverkleidete Mattisburg kamen für eine Art sechsmonatige Auszeit. ‚Wenn die Kinder hierherkommen, gibt es ganz viele Fragezeichen', sagt Bierbaum, ‚warum ist das Kind, wie es ist?' Verhalten zu begreifen, ist vor allem die Aufgabe des Personals, nicht unbedingt, es zu verändern. Bierbaum nennt ein Beispiel: ‚Sexuell missbrauchte Kinder versuchen, einen Schutz aufzubauen, indem sie ihr Zimmer mit Kot oder Urin beschmieren, damit es für mögliche Schädiger unattraktiv wird, mit ihm intim werden zu wollen. Wenn Sie als Betreuer das nicht verstehen, dann versuchen Sie, das abzustellen, ohne den Grund des Übels anzufassen' [...] Alle zeigen Auffälligkeiten, die normal sind, wenn man ihre nicht normalen Geschichten bedenkt. ‚Da ist alles dabei, was sie sich denken und nicht denken können', sagt Bierbaum. [...] ‚Geschundene Seelen können anstrengend sein."

(Quelle: Hahn: Burg der Fragezeichen, 2016, S. 9)

Aufgaben

1. Informieren Sie sich im Fachbuch zu den Themen „Sexueller Missbrauch bei Kindern" und „Kindeswohlgefährdung".
2. Klären Sie die Begriffe „Sexueller Missbrauch bei Kindern" und „Sexualisierte Gewalt bei Kindern".
3. Lesen Sie den vorhergehenden Text zum sexuellen Missbrauch.
4. Markieren Sie die Textstellen, die Sie besonders berühren.
5. Informieren Sie sich über die Situation von Kindern in Deutschland, die von sexuellem Missbrauch betroffen sind.
6. Gibt es in Ihrer Region Hilfen für betroffene Kinder und die Familien?

7. Stellen Sie Ihrer Praxisanleitung folgende Fragen:
   - Welche Leitlinien, Schutzmaßnahmen und Verfahrensabläufe zum Thema „Verdacht auf sexuelle Übergriffe bei Kindern" gibt es in der Einrichtung?
   - Wer ist die Ansprechpartnerin?
   - Welche Verhaltensregeln gibt es im Umgang mit Doktorspielen bei Kindern?
   - Welche Verhaltensregeln und Verfahrensabläufe gibt es bei sexuellen Handlungen und Übergriffen durch Kinder?
   - Mit welchen Fachdiensten arbeiten die pädagogischen Fachkräfte zusammen?

Ich habe folgende Informationen zur Situation von Kindern in Deutschland, die von Kindeswohlgefährdung und sexuellem Missbrauch betroffen sind, gefunden:

____

____

____

Ich kenne jetzt folgende Fachdienste (regional und überregional):

____

____

Inklusion bedeutet Chancengleichheit für alle

§

§ Grundgesetz, Artikel 3: „Niemand darf wegen seines Geschlechtes, seiner Abstammung, seiner Rasse, seiner Sprache, seiner Heimat und Herkunft benachteiligt oder bevorzugt werden."

In den Kindertagesstätten können pädagogische Fachkräfte herkunftsbedingte Benachteiligungen ausgleichen. Sie sorgen für ein anregendes Klima, in dem die Kinder die Welt entdecken, ihre Fähigkeiten entwickeln, soziales Verhalten einüben und resilient werden.

Die Benachteiligung der Sprache wegen – der Dialekt

„Der Dialekt schafft einen besonderen Bezug der Kinder zum eigenen Kulturraum und zu den Menschen, die darin leben."

(Quelle: Spaenle, in: Kratzer: Pfiat di, Dialekt, 2016, S. R13)

„Pfiat di, Dialekt

An Bayerns Schulen wird den Kindern die Mundart ausgetrieben, obwohl das Ministerium das Gegenteil propagiert. Das belegt nun eine Studie an der Universität Augsburg durch Peter Maitz. Er weist darauf hin, dass in Deutschland selbst Muttersprachler, wenn sie nur eine sprachliche Färbung zeigen, soziale Nachteile und Diskriminierung hinnehmen müssen."

(Quelle: Kratzer: Pfiat di, Dialekt, 2016, S. R13)

Aufgaben

1. Wo wird bei Ihnen in Ihrer Umgebung Dialekt gesprochen?
2. Können Sie die Untersuchungsergebnisse der Universität Augsburg nachvollziehen?
3. Fragen Sie Ihre Praxisanleitung: Wann wird mit den Kindern Dialekt gesprochen und wann Hochdeutsch? Diskutieren Sie Ihre Ergebnisse in der Ausbildungsgruppe. Was hat Sie dabei überrascht?
4. Literacy-Erziehung: Sammeln Sie Kinderlieder, Reime, Geschichten und Bilderbücher in Ihrem Dialekt.
5. Tauschen Sie Ihre Ergebnisse in der Gruppe aus. Wie viele Dialekte werden in Ihrer Ausbildungsgruppe gesprochen?
6. Stellen Sie der Gruppe Ihr Lieblingswerk vor.

Die Benachteiligung der Herkunft wegen – Kinder aus Zuwandererfamilien

Viele neuere Studien zeigen, dass Kinder und Jugendliche aus Zuwandererfamilien in Deutschland schlechtere Bildungschancen haben.

(vgl. Deutsches Jugendinstitut: DJI-Kinder- und Jugendmigrationsreport 2020, S. 1.)

Einsprachigkeit (Deutsch) entspricht nicht dem Recht auf Partizipation und Bildungsbegleitung aller Kinder. Gelebte Mehrsprachigkeit (Translanguaging), die Gleichwertigkeit aller Sprachen und die Entwicklung zu einer sprachbunten Gesellschaft sind der Schlüssel zu Bildung und Chancengleichheit.

(vgl. Chilla/Niebuhr-Siebert: Sprachenbunte Kita, 2022, S. 26–37.)

Aufgaben

1. Recherchieren Sie, welche Familiensprachen und Sprachbiografien in Ihrer Ausbildungsgruppe vorhanden sind.
   a) Erstellen Sie dazu eine Liste. Versehen Sie die unterschiedlichen Sprachen mit unterschiedlichen Farben.
   b) Tauschen Sie in der Gruppe Ihre Erfahrungen mit Mehrsprachigkeit aus, z. B.: Welche Sprache ist Ihre beste, Ihre Lieblingssprache? Haben Sie Diskriminierung erlebt oder dazu gehört?
   c) Erörtern Sie unterschiedliche Gründe für Mehrsprachigkeit.

2. Musik ist international.
   a) Tauschen Sie in der Ausbildungsgruppe Lieblingslieder in Ihrer Familiensprache aus und singen Sie zusammen.
   b) Erzählen Sie: Was überrascht Sie bei den Schriftzeichen, Worten und Melodien?
   c) Welches ist Ihr Lieblingslied? Was fällt Ihnen dabei leicht, wo haben Sie Schwierigkeiten?

3. Sprachbunte Kita

a) Recherchieren Sie, welche Familiensprachen in Ihrer Kindergruppe zu finden sind.

b) Erstellen Sie dazu eine Liste. Notieren Sie dazu Beobachtungen zum Spracherwerb, Sprachgebrauch und zur Spracherfahrung bei den jeweiligen Kindern.

c) Erörtern Sie Ihre Ergebnisse mit Ihrer Praxisanleitung. Was hat Sie dabei überrascht?

d) Führen Sie mit Ihrer Praxisanleitung ein Interview über die Förderung der Deutschkenntnisse durch. Erfragen Sie, welche Erfahrungs-, Erlebnis- und Bildungsräume es gibt, um mehrsprachliches und kulturelles Handeln zu erproben und auszubauen, und zwar

- in der Kindergruppe,
- in der Einrichtung,
- in der Elternarbeit,
- in der Vernetzung und Zusammenarbeit mit anderen Bildungsorten der Kommune.

e) Erstellen Sie dazu eine Übersicht über Erfahrungs-, Erlebnis- und Bildungsräume für sprachliches und kulturelles Handeln an Bildungsorten für Kinder in Ihrer Gemeinde.

f) Tauschen Sie Ihre Ergebnisse in der Ausbildungsgruppe aus, entwickeln dazu weitere Ideen und markieren Sie die, die Ihnen am besten gefallen. Was überrascht Sie?

g) Welche Ideen und Aufgaben möchten Sie übernehmen?

4. Schreiben Sie einen Brief an eine Mitschülerin, in dem Sie nachdenken,

- was Sie alles gelernt und
- welche Wissenslücken Sie erkannt haben.

Hinterfragen Sie dabei kritisch die Bedeutung der Förderung der Deutschkenntnisse und die Bedeutung gelebter Mehrsprachigkeit für die Entwicklung einer sprachbunten Gesellschaft.

5. Auf die pädagogischen Fachkräfte kommen viele Anforderungen zu.

a) Fassen Sie zusammen: Welche Anforderungen sind das?

b) Präsentieren und vergleichen Sie Ihre Ergebnisse in der Ausbildungsgruppe.

Neue Anforderungen an Fachkräfte in Kitas

Aufgabe

Es gibt viele Fachdienste und Hilfen für die pädagogischen Fachkräfte in den Einrichtungen zur Sprachförderung. Befragen Sie Ihre Praxisanleitung und stellen Sie eine Liste der möglichen Fachdienste und Hilfen zur Sprachförderung in Ihrer Region zusammen.

Sprachförderung – regionale Fachdienste

Aufgaben

1. Ermitteln Sie in Ihrer Praxisgruppe Kinder, die zwei- oder mehrsprachig aufwachsen. Welche Beobachtungen können Sie beim Sprachverhalten dieser Kinder feststellen?
2. Klären Sie den Begriff „Translanguaging" und geben Sie die Kernaussagen in eigenen Worten in der Ausbildungsgruppe wider. Was hat Sie überrascht?

Kinder, die mehrsprachig aufwachsen (Familiensituation) und ihr Sprachverhalten

Aufgaben

1. Beobachten Sie ein Kind anhand eines Beobachtungsbogens zur Sprachstandserhebung, z. B. Sismik. Besprechen Sie Ihre Ergebnisse mit der Praxisanleitung. Was hat Sie überrascht?

Das hat mich bei der Sprachbeobachtung überrascht

2. Welche Fragestellungen haben sich für Sie für die Sprachbildung und Sprachförderung dieser Kinder ergeben?

Das möchte ich noch wissen:

Benachteiligung der Herkunft wegen – Kinder aus Familien mit Fluchterfahrung

„Wenn Menschen ihre Heimat verlassen, hat das viele Gründe – Krieg, Hunger oder Verfolgung wegen ihres Glaubens oder der Hautfarbe. Weltweit sind 84 Millionen Menschen (so viele Menschen, wie in Deutschland leben) auf der Flucht, knapp die Hälfte davon sind Kinder und Jugendliche. Ihnen drohen viele Gefahren."

(Quelle: Grüling/Schulz: Am Arsch der Welt und andere spannende Orte, 2022, S. 7)

Familie auf der Flucht

„Wenn Moaid, Ahas und Mahmaud mit ihrem Vater Malek Alasri in der Küche stehen und sie beim Kochen Spaß haben, gerät die Tristesse in ihrem Leben ein bisschen in den Hintergrund. Moaid war erst wenige Wochen alt, als eine Rakete das Haus der Familie in Syrien traf. Seine Mutter hielt ihn damals im Arm. Moaid, seine beiden älteren Brüder und ihr Vater überlebten den Angriff, die Mutter nicht. ‚Die Kinder haben so viel Schreckliches erlebt', sagt Alasri. Sein größter Wunsch ist es nun, ihnen ein neues Leben zu ermöglichen. Die Familie wohnt in einer Unterkunft für Wohnungslose in München. Zum ersten Mal gehen Moaid, Ahas und Mahmaud in den Kindergarten und in die Schule. Aber sie vermissen ihre Mutter und die Großeltern, nachts quälen sie Alpträume. Alasri wünscht sich, dass seine Kinder sich gut einleben und eine gute Schulbildung erhalten."

(Quelle: Rahmsdorf: Hoffen auf ein neues Leben, 2016, S. R1.)

„Nicht nur die Sprache und Umgebung sind neu für sie. Es ist auch das erste Mal, dass sie eine Schule oder einen Kindergarten besuchen. Die Jungen sind im Krieg und auf der Flucht aufgewachsen. Drei Jahre lang hat die Familie in Flüchtlingslagern in der Türkei gelebt, in Zelten, einen strukturierten Alltag haben sie nie kennengelernt, stattdessen Unsicherheit und Chaos. ‚Es gab keine Schule, nicht genug zu essen und nichts zum Spielen', erzählt der Vater, ‚Es gibt dort keine Zukunft für die Kinder.'

Daher beschloss Alasri, nach Deutschland zu fliehen. Der Familienvater macht sich alleine auf die gefährliche Fluchtroute. Die Kinder blieben bei den Großeltern im türkischen Flüchtlingslager zurück. Alasri überlebte die Fahrt in einem Boot über das Mittelmeer und er schaffte es bis nach München, dort stellte er einen Asylantrag, dann einen Antrag auf Familiennachzug. Eineinhalb Jahre dauerte es, bis er seine Kinder wieder in die Arme nehmen konnte."

(Quelle: Rahmsdorf: Dunkle Stunden, 2016, S. R10.)

„Für deutsche Kinder ist es schwer zu begreifen, was gerade in Aleppo passiert, dass es dort nicht um Lego-Burgen und Playmobil-Ritter geht, sondern dass dort im echten Leben gekämpft wird. Ich habe einem deutschen Kind die Geschichte der Kinder von Aleppo erzählt – von ihrem Leid und ihrem schrecklichem Schicksal. Niklas, ein Junge aus meinem Dorf, war recht ergriffen von meiner Geschichte. Er hat dann seinen Wunschzettel zerrissen und mir seinen neuen gezeigt, es war nur noch ein Wunsch darauf: ‚Liebes Christkind, ich wünsche mir, dass der Krieg in Aleppo zu Ende geht.'

Es wäre wunderbar, wenn das Christkind an Weihnachten einfach nach Aleppo fliegen und Frieden in die Stadt bringen könnte. Aber in Aleppo sieht man am Himmel eher Bomber-Flugzeuge – und schon lange keine Hoffnungslichter mehr."

(Quelle: Alkhalaf: Der zerrissene Wunschzettel, 2016, S. R6.)

„Gabi Schüller, Erzieherin in der Kindertagesstätte, weiß bis heute nicht, welche Schreckensbilder im Kopf der vierjährigen Kianga auftauchten. Von einer Sekunde zur nächsten riss sich das Flüchtlingskind die Schuhe von den Füßen, schleuderte sie von sich weg. Manchmal erstarrte Kiangas Körper, ihre Hand wies auf eine Stelle an der Wand. Aus dem Blickwinkel der Erwachsenen war da nichts zu sehen, außer einer weißen Wand. Das Mädchen aus Afrika aber blickte offenbar auf etwas unbeschreiblich Furchtbares. Schüller wusste nicht recht mit den Panik-Attacken des Kindes umzugehen, ihr wurde klar, dass sie eine Schulung braucht. [...] ‚Vor allem Kinder leiden unter den Auswirkungender Flucht', sagt Hermine Brenauer, die in der BRK-Landesgeschäftsstelle für den Bereich Kindertageseinrichtungen zuständig ist. In ihren Heimatländern hätten die Buben und Mädchen ‚oft Not, Gewalt und Krieg erfahren.' [...] Wie es Kianga geht, das wird Gabi Schüller wohl nie erfahren. ‚Von heute auf morgen war sie weg!', sagt sie. Wo sie nun ist, weiß niemand. Nun war es plötzlich Schüller selbst, die ‚einen großen Schock' verkraften musste: ‚Gerade diese Kinder wachsen einem ja ans Herz', sagt sie und fügt hinzu: ‚Wir hatten zwar die Information, dass die Familie abgeschoben wird, aber man weiß nie, was die Eltern einem erzählen.'

[...] Im Krisenfall dürften sich die Erzieherinnen und Erzieher nie allein auf die heilende Kraft des Wortes verlassen. ‚Wir müssen versuchen, die Kinder über alle Sinneseinwirkungen zu erreichen', sagt Biberacher und erklärt auch gleich, warum sie das hervorhebt: ‚Während einer Trauma bedingten Krise kann im Extremfall beim Kind das Sprachzentrum im Gehirn stark eingeschränkt sein.' [...]

‚In den Gefahrensituationen, die diese Kinder miterleben mussten, war ihr Erstarren für das Überleben notwendig – im Sinne von: Wenn du dich rührst, ist dein Leben bedroht.' Kinder, so sagt Biberacher, lebten in einer Welt der Magie. Das erleichtere es, sie aus dem Teufelskreis des Traumas heraustreten zu lassen. Buben und Mädchen liebten es gleichermaßen, mit den Augen einer Schnee-Eule von hoch oben auf die Welt herabzublicken. Auch eine imaginäre Schatzkiste sei hilfreich, in der das Kind seine schönen Erinnerungen an die verlorene Heimat aufbewahren könne – dem Zugriff der bösen Mächte entzogen."

(Quelle: Mittler: Panik im Spielzimmer, 2016, S. R14.)

Kinder mit Fluchterfahrung wollen die deutsche Sprache lernen, Freundschaften schließen, das neue Land erleben. Die Kinder genießen es, in Frieden und Freiheit zur Schule gehen zu können. Toleranz beginnt in den Kitas und Schulen.

„Es gibt viele Verunsicherungen durch Berichte von Kindern, die sich unter dem Tisch verstecken, wenn draußen ein Hubschrauber vorbeifliegt. Deshalb wäre es für die Fachkräfte wichtig zu wissen, dass die Kitas im Notfall Hilfe hätten."

(Quelle: Lode, Silke im Interview mit Riedel, Birgit: Wir müssen das Vertrauen der Eltern gewinnen, 2017, S. 13)

Aufgaben

1. a) Stellen Sie sich vor, Sie müssten in Todesangst einen Fluchtrucksack für die Flucht aus der Ukraine nach Deutschland packen. Erstellen Sie eine Liste von Gegenständen, die Sie auf die Schnelle einpacken würden.
   b) Vergleichen Sie Ihre Ergebnisse in der Ausbildungsgruppe.
   c) Sammeln Sie in einem Blitzlicht Ihre Gefühle.
2. Recherchieren Sie im Internet: Fluchtbewegungen aus unterschiedlichen Ländern, Fluchtrouten, Flüchtlingslager und Fluchterfahrungen von Kindern und Jugendlichen.
3. Recherchieren Sie: Welche Hilfen und Fortbildungsangebote gibt es für pädagogische Fachkräfte zum Thema „Kinder mit Fluchterfahrung"?
4. Tauschen Sie sich in der Ausbildungsgruppe aus. Gibt es unterschiedliche Perspektiven? Notieren Sie Gemeinsamkeiten und bemerkenswerte Erfahrungen.
5. Erstellen Sie ein Handout mit allen wichtigen Informationen für Ihre Praxisstellen.

Benachteiligung der Herkunft wegen – frühkindliche Armut

Situation 1

„Frau F. wurde schon als sehr junge Frau schwanger und heiratete früh. Vier Jahre lang lief alles gut. Da eine Nachbarin das Kind betreute, konnte Frau F. wieder arbeiten gehen. Dann aber hatte ihr Ehemann einen Unfall und musste mehrmals operiert werden. Danach konnte er seinen Beruf nicht mehr ausüben. Er wurde von den Schmerzmitteln abhängig. Das zweite Kind in der Familie, das kurz vor dem Unfall zur Welt gekommen war, beanspruchte in dieser Phase Frau F. zusätzlich sehr stark: Es benötigte viel Zuwendung und Zeit, schon bald musste es die Frühförderung besuchen. Dazu kamen finanzielle Sorgen: Von der Abfindung, die Herr F. bekam, besorgte er sich Medikamente und später Drogen, das Geld für andere Ausgaben fehlte. Wie schlimm die Situation wirklich war, darüber war sich Frau F. aber auch noch nicht im Klaren, als viele Rechnungen und die Miete nicht mehr bezahlt werden konnten. Die Familie musste umziehen. Allerdings besserte sich in der neuen Wohnung die Situation nicht wirklich. Anspannung und Geldsorgen waren allgegenwärtig. Als ihr Mann ein Konto von Frau F., das sie als letzte Sicherheit versteckt hatte, entdeckte und leer räumte und mit ihrer Unterschrift hoch belastete, brach sie zusammen. In einer Mutter-Kind-Kur wurde Frau F. geraten, sich von ihrem Mann zu trennen. Doch bevor die Situation geklärt werden konnte, starb der Ehemann. Seitdem ist Frau F. auf Sozialleistungen angewiesen und versucht verzweifelt, irgendwie über die Runden zu kommen."

(Quelle: regu: Mann hinterlässt Schuldenberg, 2016, S. R7)

Situation 2

„Nachdem Frau Tal mit ihrem Lebenspartner zusammengezogen war, hoffte sie, endlich Ruhe und Frieden für sich und ihre Zwillinge zu finden. Aber schon nach kurzer Zeit veränderte sich die Situation gravierend: Ihr Partner war jeden Abend betrunken und bedrohte Frau Tal so massiv, dass sie nachts in ihr Auto floh oder sich aus Angst ins Badezimmer einsperrte. Als für Frau Tal die Situation unerträglich wurde, wandte sie sich an das Frauenhaus und bat um Hilfe. Inzwischen hat sie sich wieder stabilisiert und eine kleine Wohnung für sich und ihre Kinder gefunden."

(Quelle: regu: Junge Frau wird von ihrem Lebenspartner bedroht, 2016, S. R7)

Situation 3

„Frau Ort (Name geändert) musste gemeinsam mit ihrem kleinen Sohn vor ihrem gewalttätigem Ehemann in das Frauenhaus fliehen. Für die junge Frau war der Vater ihres Kindes die große Liebe gewesen. Sie wollte für sich und ihre Familie ein gemütliches Zuhause schaffen und nahm verschiedene Jobs an, um Geld zu verdienen. Schon bald nach der Heirat stellte sich aber heraus, dass ihr Mann alkoholabhängig und spielsüchtig war. Er nahm ihr das ganze Geld ab. Frau Ort blieb kaum genug, um die notwendigen Lebensmittel zu kaufen. Als dann noch schlimme Beschimpfungen und Schläge dazu kamen, entschloss sich die junge Mutter zur Flucht. Inzwischen lebt Frau Ort wieder in einer eigenen kleinen Wohnung im Landkreis und hat sich ein weitgehend stabiles Leben aufgebaut."

(Quelle: regu: Gewalt in der Ehe, 2016, S. R7)

Situation 4

„Frau Z. lebt als alleinerziehende Mutter mit ihren zwei Kindern im Landkreis, die junge Frau ist vor zwei Jahren an Krebs erkrankt. Eine Aussicht auf Heilung besteht leider nicht. Dennoch versucht Frau Z. nicht den Lebensmut zu verlieren und ihren Kindern ihre Sorgen und Ängste nicht zu zeigen, [...] die finanzielle Situation der kleinen Familie ist äußerst angespannt. Nicht einmal die eigentlich notwendige warme Bekleidung und Schuhe für ihre beiden sechs und elf Jahre alten Kinder kann sie sich leisten."

(Quelle: regu: Junge Mutter ist unheilbar krank, 2016, S. R7)

Aufgaben

1. a) Erinnern Sie sich: Welche Erfahrungen haben Sie persönlich mit dem Thema Armut?
   b) Waren Sie selbst von Armut betroffen? Kennen Sie Menschen in Ihrem Umfeld, die von Armut betroffen sind?
   c) Tauschen Sie sich in der Ausbildungsgruppe aus und sammeln Sie in einem Blitzlicht Ihre Gefühle.
2. Sie lesen von unterschiedlichen Lebenssituationen, in denen Kinder aufwachsen.
   a) Markieren Sie die für Sie wichtigen Aussagen in den vorhergehenden Zeitungsausschnitten.
   b) Was beschäftigt Sie besonders stark, wenn Sie diese Zeitungsausschnitte lesen?
3. Was beschäftigt Sie besonders stark, wenn Sie mit dem Thema Armut bei Kindern in den ersten drei Lebensjahren konfrontiert werden?
4. Recherchieren Sie im Internet Links und Adressen zum Thema und tauschen Sie sich in der Ausbildungsgruppe aus (z. B.: Armuts- und Reichtumsbericht der Bundesregierung; Planet Wissen: Kinderarmut in Deutschland; Aktionsgruppen zum Thema Kinderarmut und Online-Beratungen dazu).

Das beschäftigt mich:

____

____

____

____

____

3.6 Die Kindertagesstätte – ein Bildungsort und sozialer Schutzraum

Eine sichere Bindung ist der Schutzfaktor für Kinder in besonderen Lebenssituationen. Sie sind dann weniger verletzbar und entwicklungsgefährdet.

Ein krisen-kompetentes Kind

- hat feinfühlige Menschen, denen es vertraut, die Orientierung geben und Grenzen setzen.
- hat Vorbilder, die es unterstützen, bestärken, ihm helfen und seine Selbstbestimmung und Selbstwirksamkeit fördern.
- ist ein Kind, das wertgeschätzt und geliebt wird, Anteilnahme spürt und zeigt.
- ist ein Kind, das mit anderen sprechen kann, wenn es Sorgen und Probleme hat und Lösungen findet für Probleme und Konflikte.
- ist ein Kind, das Hilfe holen und das eigene Verhalten in schwierigen Situationen kontrollieren kann.
- ist ein Kind, das anderen hilft, sich respektvoll anderen und sich selbst gegenüber verhält sowie verantwortungsvoll und zuversichtlich ist.

Aufgaben

Sie haben aufgrund Ihrer Beobachtungen und den Auswertungen im Gespräch mit der Praxisanleitung erkannt, welche Kinder entwicklungsgefährdet sind und/oder sich in besonderen Lebenssituationen befinden.

1. Schätzen Sie anhand der oben genannten Aussagen, inwieweit diese Kinder Ihrer Praxisgruppe über den Schutzfaktor „sichere Bindung“ verfügen, krisenkompetent oder leicht verletzbar sind.
2. Erläutern Sie, wie Sie in der Praxiseinrichtung einen sozialen Schutzraum für diese entwicklungsgefährdeten Kinder bieten, also eine sichere Bindung gewährleisten und Krisenkompetenz fördern können.
3. Nehmen Sie die Gruppenliste Ihrer Praxisgruppe zur Hand und klären Sie mit Ihrer Praxisanleitung, in welchen besonderen Lebenssituationen die Kinder leben.
   Füllen Sie die folgende Tabelle aus.

Web

Das Kind in einer besonderen Lebenssituation

Vorname, Alter:	Besondere Lebenssituation, weil ...	Verfügt über Ressourcen, ist leicht verletzbar/entwicklungsgefährdet, weil ...	Meine Ideen für dieses Kind:
Kind 1			
Kind 2			

Die pädagogische Fachkraft zeigt Feinfühligkeit

Situation

„Kind weint und meint:	‚Ich glaube, mir geht es heute nicht gut.‘
Kinderpflegerin:	‚Wie kommt es, dass es dir nicht gut geht?‘
Kind:	‚Die Tränen wollen kommen.‘
Kinderpflegerin:	‚Sollen sie kommen dürfen?‘
Kind:	‚Ja.‘
Kinderpflegerin:	‚Möchtest du dir einen Platz suchen, an dem die Tränen gut kommen können?‘
Kind:	‚Ja, auf der Matratze.‘ Weint etwa zwei Minuten.

Kinderpflegerin: ‚Werden noch Tränen kommen wollen, oder sind schon alle da?'
Kind: ‚Sind schon alle da, aber ich bleibe noch liegen.'
Kinderpflegerin: ‚Gut! Wenn du nicht mehr liegen willst, beginnst du mit etwas, was du gerne tun möchtest.'
Kind: ‚Ja.'
Das Kind liegt noch etwa zwei Minuten, holt sich dann sein Lieblingspuzzle und nimmt, nachdem es dieses gelöst hat, wieder am Tagesgeschehen teil."

(Quelle: Reimitz: Jüngere oder ältere Kinder, 1997, S. 124.)

Aufgabe

Situationsspiel

Spielen Sie die Situation mit dem weinenden Kind mit verteilten Rollen. Es sind auch andere Kinder anwesend. Die Beobachter fühlen sich in die Situation ein.

Auswertung und fachlicher Diskurs

Wie haben Sie sich in Ihrer Rolle gefühlt, was haben Sie dabei erlebt?
Beobachter: In wen konnten Sie sich einfühlen, was haben Sie dabei erlebt?
Was haben Sie gelernt? Wie können Sie sich in Kinder einfühlen?

Die pädagogische Fachkraft fördert soziale Kontakte

„Kinder lernen sich selbst und die Welt in erster Linie durch gemeinsame Lernaktivitäten mit anderen schrittweise kennen und verstehen." (Fthenakis et al.: Bildung von Anfang an, S. 28) Die pädagogische Fachkraft fördert soziale Kontakte und bietet dabei allen Kindern „faire Lern- und Entwicklungschancen" (Fthenakis et al.: Bildung von Anfang an, S. 31).

Situation 1

Aufgabe

Aysun geht vom Maltisch zum Regal zu den Spielen, bückt sich und zieht das Spiel „Obstgarten" aus dem Regal. Sie macht den Deckel auf. Während sie das tut, schaut sie nach links, wo ein paar Kinder spielen. Sie hebt den Deckel ein wenig höher, hält inne, schaut und senkt ihn wieder.
Jetzt beginnt sie die einzelnen Früchte zu verteilen.
Unterdessen kommen Hansi und Maxi hinzu. Sie nehmen sich aus dem Regal ein Legespiel und stellen es auf den Tisch. Als Aysun die beiden erblickt, zieht sie den Kopf ein, schaut beide von unten her an und fängt an, Fingernägel zu kauen. Sie sieht sich wieder im Gruppenraum um und fängt an, allein zu spielen. Immer wieder sieht sich Aysun um.
Da sieht Susanne, die Erzieherin, Brigitte und Lisa, die im Gruppenraum umhergehen und anscheinend nicht wissen, was sie spielen sollen. Sie ruft Brigitte zu sich und sagt: „Du, Brigitte, siehst du Aysun dort hinten? Schau mal, sie sitzt da ganz allein. Möchten du und Lisa ihr nicht Gesellschaft leisten? Ich glaube, Aysun macht das Alleinspielen keinen Spaß."
Brigitte antwortet: „Mh, ja gut. Du, Lisa, komm mal her."
Sie gehen beide zum Tisch von Aysun und fragen mit Händen und Füßen, ob sie mitspielen dürfen. Und tatsächlich, sie spielen zusammen. Aysun schenkt auch eine für sie gewürfelte Frucht öfter her.

Situation 2

Aufgabe

Cem (3 Jahre) ist ein türkischer Junge. Er kommt in den Kindergarten und spricht kein Wort Deutsch. Er fällt auf durch aggressives Zuschlagen. Die Praktikantin Sabine beobachtet in der Bauecke Florian (4 Jahre) und Peter (4 Jahre), wie sie gerade mit Dinosauriern spielen, und Cem, der vor der Bauecke steht und zuschaut. Sie hört folgendes Gespräch:
Florian: „Gell, wir sollen jetzt Dinosaurier sein und du bist der Fleischfresser."
Peter: „Ja, wir sollen im Wald sein und den Cem, den lassen wir nicht mitspielen. Der kann ja nicht einmal richtig reden." Florian: „Gell, der ist blöd."

Aufgaben

Situationsspiel
Spielen Sie die beiden Situationen mit verteilten Rollen. Es sind auch noch weitere Kinder anwesend.
Die Beobachterinnen fühlen sich in die Situation ein.

Auswertung und fachlicher Diskurs

1. Wie haben Sie sich in Ihrer Rolle gefühlt, was haben Sie dabei erlebt?
   Beobachterinnen: In wen konnten Sie sich einfühlen, was haben Sie dabei erlebt?
2. Erstellen Sie für die oben stehenden zwei Situationen in Partnerarbeit einen Plan für Ihr pädagogisches Handeln nach dem unten abgebildeten Handlungsregulationsschema. Sie können dieses Schema auf jede erforderliche Handlungssituation anwenden, die Sie aufgrund von eigenen Beobachtungen in Ihrer Einrichtung machen.
3. Entwickeln Sie im Situationsspiel mögliche Handlungsempfehlungen für die pädagogische Fachkraft. Reflektieren Sie Ihre Ergebnisse.

Web

Handlungsregulationsschema für die Situation

1. Das Problem, die Situation erfassen
2. Das Problem analysieren
3. Ziele formulieren
4. Planen
5. Durchführen
6. Evaluieren bzw. reflektieren

Die pädagogische Fachkraft begleitet den kindlichen Bildungsprozess

Ein Haus für Kinder in Notlagen

„Johanna Hofmeir hat vor 23 Jahren das Projekt Lichtblick Hasenbergl für Kinder in Notlagen gegründet. Heute betreuen sie und ihre Kollegen in der Einrichtung 200 Kinder, Jugendliche und ihre Familien – vom Kleinkindalter über die Schulzeit bis in die Ausbildung.

SZ: Das Elternhaus entscheidet stark über die Schullaufbahn eines Kindes. Zu diesem Ergebnis kommt auch der Münchner Bildungsbericht. Sind Kinder aus armen Familien schon abgehängt, wenn sie in die Schule kommen?

Johanna Hofmeir: Entscheidend ist die Lebenssituation der Familie. Wenn Armut kombiniert ist mit bildungsfernen sozialen Belastungen und schwierigem Verhalten, haben die Kinder geringere Chancen. Unter solchen Lebensbedingungen fällt es ihnen schwer, sich zu konzentrieren und zu lernen. Zudem fehlen den Kindern gesellschaftliche Angebote und Erfahrungsmöglichkeiten. Es geht nicht darum, dass sie weniger Spielzeug oder weniger Spaß haben. Ihre Welt ist ärmer an Anregungen, sie erhalten weniger Unterstützung und Impulse für die Gehirnentwicklung.

Welche Erfahrungen fehlen den Kindern?

Eines unserer Kinder hatte kürzlich bei den Hausaufgaben die Frage: Was ist größer: ein Hund oder eine Kuh? Wie sollte es diese Fragen also beantworten? Wenn Kinder zu wenig oder nie aus der gewohnten Umgebung rauskommen, fehlt ihnen Weltwissen. Dies ist jedoch wichtig, um den Schulstoff besser zu verstehen. Kinder, die schon viel gesehen haben, vergleichen das Neue mit Erfahrungen.

Hängt das nicht in erster Linie vom Engagement der Eltern ab?

Die Eltern, die zu uns kommen, lieben ihre Kinder genauso wie alle anderen Eltern. Sie wollen auch nur das Beste für ihre Kinder. Sie sind jedoch mit sozialen Problemen überlastet und häufig körperlich oder psychisch beeinträchtigt. Viele denken, dass die Eltern sich nicht genug kümmern, dass sie sich einfach mehr anstrengen müssten. Aber wenn Anstrengung nichts bringt – was dann? Wenn das Leben ein einziger dunkler Tunnel ohne Licht am Ende ist, dann rutschen Selbstwertgefühl und Motivation in den Keller. Wir würden unter den gleichen Bedingungen vermutlich nicht anders handeln. Das muss einem klar sein.

Was bedeutet das für die Kinder?

Stehen nur wenig finanzielle Mittel zur Verfügung, leben die Familien in ständiger Angst vor unvorhergesehenen Kosten. [...] Ein konstanter Stresspegel, der sich negativ auf die Atmosphäre in der Familie auswirkt. Wenig Geld bedeutet auch, beengt zu wohnen. Zu uns kommen 200 Kinder und Jugendliche und keines von ihnen hat ein eigenes Zimmer. Das bedeutet wenig Privatsphäre und wenig Ruhe, um die Hausaufgaben zu erledigen. Unser Schulsystem ist zudem anspruchsvoll und erwartet viel von den Eltern. Schwierig wird es, wenn diesen die Anforderungen nicht klar sind, wenn sie die Sprache nicht ausreichend beherrschen oder sie selbst eine schwierige Schullaufbahn hatten.

Was können Sie im Lichtblick Hasenbergl leisten?

Unser Ziel ist es, Defizite auszugleichen und die Voraussetzungen für eine gesunde körperliche und geistige Entwicklung zu schaffen. Wir unterstützen die Kinder beim Aufbau der Denkund Lernfähigkeit und fördern die Wissenserweiterung in der Schule. Die Kinder nennen uns ihr zweites Zuhause und wir verstehen uns auch als Reservefamilie.

Wie sieht das konkret aus?

Wir bereiten die Kinder intensiv auf die Schule vor und begleiten sie durch die gesamte Schulzeit bis zum Abschluss. Damit sie fit und lernfähig sind, legen wir großen Wert auf eine gesunde Ernährung. Kinder, die überwiegend mit vitaminlosen Billigprodukten ernährt werden, sind öfter krank, fühlen sich weniger wohl in ihrer Haut und sind weniger leistungsfähig. Gemeinsam unternehmen wir Ausflüge in die Natur oder in andere Städte. [...]

Ist Armut oft versteckt und für Außenstehende nicht sichtbar?

Finanziell nicht mithalten zu können, wird immer noch als persönliches Versagen betrachtet. Vielen Familien sieht man es auf den ersten Blick nicht an, dass sie große Not leiden. Ihnen ist es sehr wichtig, die Fassade zu wahren. Unsere Kinder reagieren auch extrem empfindlich, wenn man sie als arme Kinder bezeichnet. Sie wollen kein Mitleid, sie wollen dazugehören und mit ihren Fähigkeiten gesehen werden.“

(Quelle: Rahmsdor: Zweites Zuhause, 2016, S. R10.)

Aufgaben

1. Lesen Sie das Interview mit verteilten Rollen.
2. Markieren Sie die für Sie wichtigsten Aussagen.
3. Klären Sie unbekannte Begriffe.
4. Beschreiben Sie die Ziele und das pädagogische Anliegen von Frau Hofmeir und ihren Mitarbeitern.
5. Könnten Sie sich vorstellen, in dieser Einrichtung zu arbeiten? Begründen Sie Ihre Antwort.

Ziele der pädagogischen Arbeit vom „Lichtblick Hasenbergl“

____

____

____

____

Ja, ich könnte mir vorstellen, dort zu arbeiten./Nein, ich könnte mir nicht vorstellen, dort zu arbeiten.

____

____

____

3.7 Mit Fachdiensten zusammenarbeiten

Wenn ich an meine Grenzen komme – Spieltherapie mit einem von Scheidung betroffenem Kind

Virginia Axline entwickelte die nicht-direktive Spieltherapie zur Behandlung seelisch beeinträchtigter Kinder. Sie will das Spiel der Kinder nicht lenken, sondern es akzeptieren und einfühlendes Verständnis zeigen.

Fallbeispiel

„Michael (7 Jahre) wurde für die Spieltherapie überwiesen, weil er nach dem Bericht der Heimleiterin eines Kinderheimes ‚unreif‘ war, viel weinte und Wutanfälle bekam. Außerdem war er Bettnässer.
Seine Mutter besuchte ihn nur selten. Sie hatte sich nach der Scheidung von Michaels Vater wieder verheiratet. Der Stiefvater wollte durch Michael nicht belästigt werden, deshalb die Unterbringung im Kinderheim. Sein Vater besuchte ihn nie. Er hatte Michaels Mutter verlassen, als das Kind 5 Jahre alt war. Michael war das einzige Kind. Eine alte Dame passte auf ihn auf, während die Mutter zur Arbeit ging. Mit anderen Kindern hatte er keine Kontakte. Bevor er ins Heim kam, konnte er so ziemlich alles tun, was er wollte, solange er sich ruhig verhielt.
Als er dann plötzlich in Kontakt mit vielen anderen Kindern kam und sich Verboten und Geboten zu unterwerfen hatte, sich verlassen und

unsicher fühlte, machte er sich Luft in Wutanfällen, wenn jemand ihm in die Quere kam.

Die Spielsituation: Michael (M) und die Therapeutin (T) sind im Spielzimmer.
Michael (M, 7 Jahre) holt sich Ton, er setzt sich der Therapeutin gegenüber an den Tisch.
M: ‚Lass uns hier was machen.'
T: ‚Du willst etwas aus Ton machen.'
M: ‚Ich sagte: Lass uns, du sollst auch was machen.'
T: ‚Was soll ich machen?'
M: ‚Ich möchte, dass du eine Katze machst. Du sollst sie hinter einem großen Felsen verstecken.'
T: (fängt an, eine Katze zu kneten und auch einen Felsen, um sie dahinter zu verstecken): ‚Du kommandierst mich gern ein bisschen rum?'
M: ‚Tu, was ich dir gesagt habe.' (T. und M. machen Tonfiguren, M. knetet ein Kaninchen und einen Felsen, um es dahinter zu verstecken). ‚Jetzt komm heraus und kämpfe!'
Die Therapeutin rückt mit ihrer Katze gegen das Kaninchen vor. Er fällt sofort mit dem Kaninchen über die Katze her und zerquetscht sie. ‚Da hast du's. Das ist das Ende der alten Katze. Mach noch eine Katze!'
T. (macht neue Katze): ‚Du hast meine erste Katze kaputt gemacht und nun willst du, dass ich eine neue mache.'
M: ‚Ja.' (Die Katze der Therapeutin erleidet dasselbe Schicksal). ‚Mach noch eine! Und diesmal lass ich deine Katze auf mein Kaninchen springen.'
(Die Therapeutin tut das, aber genau im richtigen Augenblick schlägt Michaels Kaninchen der Katze den Kopf ab.)
T: ‚Du möchtest meine Katze unterkriegen?'
M: ‚Klar, ich kämpfe gerne.'
T: ‚Du kämpfst auch gerne.'
M: ‚Klar, und ich siege gern im Kampf. Jetzt mach mal ne Schlange!' [...]

Am Ende dieser Spieltherapiestunde möchte Michael aus der Babyflasche trinken und fragt die Therapeutin, ob er wiederkommen darf:
M: ‚Du hast gesagt, ich dürfte so spielen, wie ich will. Ich kann zu dir sagen, was ich will? Und wenn ich wollte, dürfte ich hier auch fluchen? Wann kann ich wiederkommen? Jeden Tag?'"

(Quelle: Axline: Kinderspiel, 1973, S. 226–230.)

Aufgaben

1. Informieren Sie sich über die Therapieform „Spieltherapie".
2. Lesen Sie den Text und markieren Sie wichtige Stichworte.
3. Beschreiben Sie das Verhalten von Michael. Notieren Sie mögliche Erklärungen und Erkenntnisse.
4. Geben Sie die Kernaussage zur Gesprächsmethode und zum Verhalten der Therapeutin mit eigenen Worten wieder.
5. Notieren Sie: *Wenn ich in meiner Verantwortung an meine Grenzen komme, dann ....*

Wenn ich an meine Grenzen komme:

____

____

____

____

____

4 Spiel

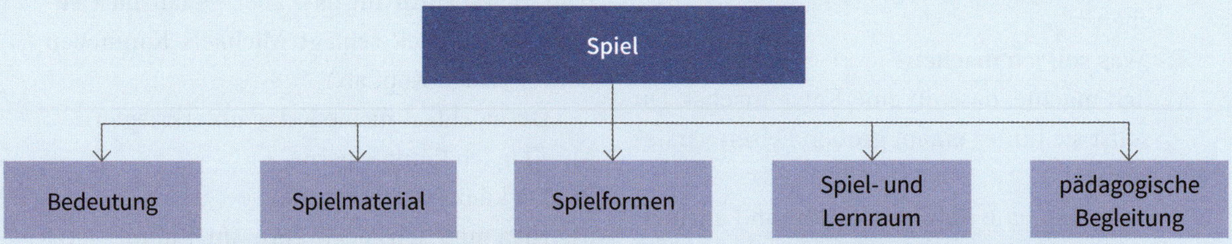
Spiel
Bedeutung
Spielmaterial
Spielformen
Spiel- und Lernraum
pädagogische Begleitung

Ich werde kompetent
die eigene Spielbiografie reflektieren
den kindlichen Entwicklungsstand erkennen
das Spielverhalten beobachten und verstehen
das Spiel pädagogisch begleiten
Spielmaterial auswählen und beurteilen
Spielformen auswählen
Spiel- und Lernräume schaffen

4.1 Spielbiografie

Eigene Spielerfahrungen

Die eigenen Erfahrungen prägen unser Verhalten und unsere pädagogischen Handlungen. Darum ist es hilfreich, sich diese immer wieder bewusst zu machen. Gerade beim Spiel mit Kindern werden Sie häufig an eigene, weit zurückliegende Erlebnisse, Vorlieben und Abneigungen erinnert.

Mein schönstes Spiel – mein schönstes Spielzeug und was ich damit erlebt habe

Aufgaben

1. Erinnern Sie sich an einen beliebten Spielort, Ihr beliebtestes Spiel oder Spielzeug aus Ihrer Kindheit. An welchen Spielort, welches Spielzeug oder welches Spiel erinnern Sie sich besonders gerne oder besonders gut? Denken Sie über die Bedeutung nach.
2. Skizzieren Sie eine Situation, in der Sie mit diesem Spielzeug gespielt haben. Betrachten Sie in der Ausbildungsgruppe Ihre Skizzen und vergleichen Sie Ihre Erfahrungen.

Womit und wo ich am liebsten gespielt habe:

Aufgaben

1. Tragen Sie Ihre Lieblingsspiele in die linke Spalte der folgenden Tabelle ein.
2. Fragen Sie Ihre Eltern nach deren Lieblingsspielen und tragen Sie diese in die rechte Spalte ein.
3. Tauschen Sie Ihre Ergebnisse in der Ausbildungsgruppe aus. Gibt es Übereinstimmungen?
4. Vergleichen Sie ihre Erfahrungen. Hat Sie etwas überrascht?
5. Erläutern Sie: Welche Erfahrungen möchten Sie Kindern ermöglichen? Begründen Sie Ihre Aussage.

Meine Lieblingsspiele	Lieblingsspiele meines Vaters/meiner Mutter

Daran erinnere ich mich am liebsten, darum ist mir diese Erinnerung so wichtig:

4.2 Spielmaterial

Werden Sie sich bewusst, dass Ihre Spielerfahrungen in die Auswahl der Spielmaterialien fließen, die Sie Kindern gerne zur Verfügung stellen. Sie tragen dabei auch Verantwortung für den Umwelt- und Klimaschutz.

Aufgaben

1. Recherchieren Sie zum Thema „Nachhaltigkeit bei Spielmaterial für Kinder“. Tauschen Sie Ihre Ergebnisse in der Gruppe aus und stellen Sie hierzu wichtige Daten zusammen.
2. Überprüfen Sie das Spielmaterial in Ihrer Praxisgruppe auf Nachhaltigkeit. Diskutieren und entscheiden Sie mit Ihrer Praxisanleitung: Welche Spielmaterialien aus Plastik könnten ersetzt werden, welche sind unverzichtbar?
3. Welche Spielmaterialien möchten Sie Kindern gerne zur Verfügung stellen? Gehen Sie dabei auf verschiedene Altersstufen ein. Begründen Sie Ihre Meinung.

Persönliche Auswahl des Spielmaterials für Kinder meiner Praxisgruppe

Spielmaterial	Begründung

Spielmaterial beurteilen

„Schickt sie uns jung, dann gehören sie uns

Auf der Technikmesse CES in Las Vegas werden schlaue und vernetzte Spielzeuge präsentiert – mit dem Ziel, dass beim Schlagwort künstliche Intelligenz mehr Menschen an putzige Roboter denken als an mordende Maschinen.

Las Vegas

Nein, furchterregend ist Kuri nun wirklich nicht. Er sieht aus wie eine 50 Zentimeter große Mensch-ärgere-dich-nicht-Figur und benimmt sich wie der bestens gelaunte Bruder des depressiven Roboters Marvin aus dem Buch *Per Anhalter durch die Galaxis*. Er erinnert einen freundlich piepsend an die Einnahme von Medikamenten, passt auf Haustiere und verlassene Wohnungen auf und erzählt den Kindern Gute-Nacht-Geschichten. [...]

Eine Studie des US-Senats zeigt, dass durch den Hackerangriff auf den Spielzeughersteller VTech Ende 2015 die Daten von sechs Millionen Kindern erbeutet worden sind. Dazu gibt es eine Umfrage des Medienkonzerns AT&T, der zufolge nur zehn Prozent der Hersteller solcher vernetzter Geräte glauben, diese auch gegen Angriffe von Hackern sichern zu können. Das klingt dann nicht mehr süß und knuffig, sondern tatsächlich furchterregend."

(Quelle: Schmieder: Schickt sie uns jung, dann gehören sie uns, 2017, S. 29)

Aufgaben

1. Lesen Sie den Zeitungstext. Betrachten Sie die Abbildung.
2. Beschreiben Sie Ihr momentanes Gefühl zu Text und Bild.

Meine Gefühle zu Text und Abbildung. Mir ist dabei deutlich geworden:

___

___

___

3. Vergleichen und diskutieren Sie die Ergebnisse in der Gruppe.
4. Recherchieren Sie, welche elektronischen Spielwaren für Kinder je nach Alter auf dem Markt sind und wie teuer sie sind. Bewerten Sie dieses Spielmaterial anhand der Checkliste im Lehrbuch.
5. Betrachten Sie das elektronische Spielmaterial im Hinblick auf Umwelt- und Klimaschutz kritisch.
6. Erstellen Sie in der Ausbildungsgruppe Handlungsempfehlungen für die Auswahl von elektronischem Spielmaterial in Kindertagesstätten.

„In Ruhe lassen statt ruhigstellen

[...] Die Kleinen sind gestresst. Aber nicht nur von Schule und Freizeitaktivitäten, sondern auch von ihrem Spielzeug. Ein Blick ins Kinderzimmer genügt: Es blinkt und piept dort wie noch nie. Puppen reden und bewegen sich selbstständig. Spielzeug anno 2017 ist durchautomatisiert und voller Sensoren und Computerchips. Oft liegen Tablets oder Smartphones griffbereit daneben, von denen aus mit ein wenig Hin- und Herwischen die Drohne gesteuert, das Püppchen gefüttert und überhaupt die reale mit der virtuellen Welt verschmolzen wird.

Wie Kinder die Welt nachspielen, bestimmen die Eltern, nicht die Konzerne. [...] Es geht darum, die richtige Balance zwischen digitaler Realität und dem zu finden, was Kindern seit Jahrzehnten guttut. Denn kindliche Kreativität und Fantasie drohen zu verkümmern, wenn Spielkamerad Chip das alleinige Kommando im Kinderzimmer übernimmt und dort nur noch kopiert wird, was die Unterhaltungskonzerne vorgeben.

Es braucht aber mehr. Ein schnöder Bauklotz ist in der Fantasie des Kindes heute ein Teil einer Hausmauer und morgen ein Raumschiff. Gutes Spielzeug ist werthaltig im ideellen Sinn, es dient nicht primär dazu, die Kleinen ruhigzustellen und in vorgegebene Rollen zu pressen. Gutes Spielzeug macht Kinder zu Entdeckern, die mit Einfallsreichtum und Begeisterungsfähigkeit der großen Welt nachspüren und nebenbei ihre eigene kreative und geistige Entwicklung vorantreiben."

(Quelle: Ritzer: In Ruhe lassen statt ruhigstellen, 2017, S. 23)

Aufgaben

1. Lesen Sie den Zeitungstext.
2. Markieren Sie wichtige Stichworte.
3. Klären Sie unbekannte Begriffe.
4. Fassen Sie den Inhalt in Stichworten zusammen.

In Ruhe lassen statt ruhigstellen – meine Stichworte

5. Stellen Sie Fragen, die aus dem Text heraus beantwortet werden können.

Der Text beantwortet folgende Fragen:

6. Erstellen Sie eine Präsentation zum Thema „Gutes Spielzeug“ für einen Elternabend. Denken Sie dabei auch an die Nachhaltigkeit des Spielzeugs, den Umwelt- und Klimaschutz.

Meine Ideen zum Thema „Gutes Spielzeug“ für den Elternabend

Spielmaterial nachhaltig auswählen
Erfahrungs- und Spielmaterial für Kinder unter drei Jahren auswählen und das Spiel begleiten

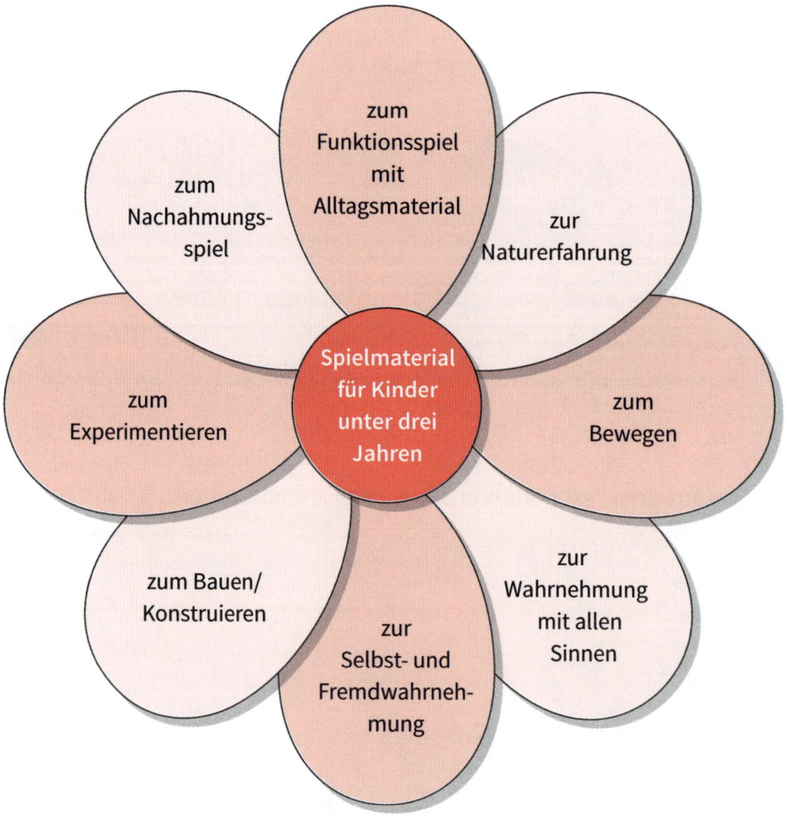

Aufgaben

1. Erstellen Sie Moderationskärtchen mit den oben genannten Stichpunkten.
2. Schreiben, malen oder kleben Sie zu den oben genannten Stichpunkten Spielmaterial für Kinder unter drei Jahren auf je ein Moderationskärtchen.
   Achten Sie dabei auf Sicherheit, Unfallverhütung und Nachhaltigkeit.
3. Ordnen und dokumentieren Sie in der Ausbildungsgruppe die Ergebnisse an einer Pinnwand.
4. Entscheiden Sie: Was muss ich bei der Auswahl von Spielmaterial für Kinder unter drei Jahren unbedingt wissen und beachten?

Das muss ich bei der Spielmaterialauswahl für Kinder unter drei Jahren unbedingt wissen und beachten

____

____

____

Erfahrungs- und Spielmaterial für Kinder ab drei Jahren auswählen und das Spiel begleiten

Sie haben viele Beobachtungen beim kindlichen Spiel in Ihrer Praxisgruppe gemacht. Sie haben ausgewertet und Ziele gesetzt. Nun haben Sie die Aufgabe, aufgrund Ihrer Beobachtungsergebnisse für die Kinder geeignetes Spielmaterial auszuwählen.

Aufgabe

Suchen Sie in einem Spielekatalog Spielmaterial für drei Kinder ab drei Jahren aus und begründen Sie Ihre Auswahl. Nehmen Sie dazu die „Checkliste zur Auswahl und Beurteilung von Spielmaterial" im Fachbuch zu Hilfe. Achten Sie dabei auf Sicherheit, Gesundheit und Nachhaltigkeit.

Web

Spielmaterial für drei Kinder ab drei Jahren in meiner Praxisgruppe

Vorname/Alter	Spielmaterial (Bild)	Begründung
1.		
2.		
3.		

4.3 Spielinteressen

Beim Beobachten wird sichtbar, welche Spielinteressen einzelne Kinder haben, womit sie häufig spielen, welche Spielpartner sie bevorzugen und was zu bestimmten Tageszeiten gerne gespielt wird. Gruppierungen innerhalb der Gruppe werden deutlich.

Beobachtung von Spielinteressen mittels einer Raumskizze

Aufgabe

Tragen Sie in den Raumgrundriss Ihrer Gruppe die Namen der Kinder dort ein, wo diese sich zum Zeitpunkt der Beobachtung gerade aufhalten.
Dieses blitzlichtartige Beobachtungsverfahren wird zu verschiedenen Tageszeiten und an unterschiedlichen Tagen wiederholt.

Web

Beobachtung von Spielinteressen der Kinder in meiner Praxisgruppe

Beobachtungstag und Zeitraum: ______________________________

Ort: ______________________________

Raumskizze:

Beobachtung von Spielinteressen mittels Beobachtungsbogen

Aufgabe

Tragen Sie in die erste Spalte der Tabelle die Namen der Kinder Ihrer Gruppe ein und ergänzen Sie evtl. noch fehlende Spielbereiche in der oberen Zeile.
Führen Sie eine Strichliste mit Datum und Zeitpunkt, aus der hervorgeht, welches Kind sich gerade wo aufhält. Die Tabelle kann mehrmals
verwendet werden, wenn Sie jedes Mal eine andere Farbe verwenden, denn auch dieses in kurzer Zeit mögliche Beobachtungsverfahren wird mehrmals wiederholt.

Web

Beobachtung: Wo spielt welches Kind?

am: ______________________________

Vorname	Baubereich	Rollenspielbereich	Kreativbereich	Spieltisch	Bewegungsbereich	Lesebereich	Ruhezone

Auswertung der Beobachtungen

Nach mindestens fünf dieser Beobachtungsaufzeichnungen kann eine erste Auswertung erfolgen, bei der folgende Fragen anhand der Gruppenliste erörtert werden:

- Welche Kinder haben bevorzugte Lern- und Spielräume?
- Welche Kinder haben bevorzugte Spielpartner?
- Welche Kinder haben bevorzugte Spielinteressen?
- Welche Kinder verhalten sich vorwiegend beobachtend?
- Welche Kinder haben wenig oder keine Kontakte zu anderen Kindern?
- Welche Kinder spielen vorzugsweise allein?

Aufgaben

1. Beantworten Sie die oben stehenden Fragestellungen aufgrund Ihrer Aufzeichnungen.
2. Notieren Sie Ziele für diese Kinder.
3. Entwickeln Sie Handlungsempfehlungen.
4. Besprechen Sie die Ergebnisse mit Ihrer Praxisanleitung.
5. Vergleichen Sie Ihre Ergebnisse in der Ausbildungsgruppe. Was hat Sie dabei überrascht?
6. Ergänzen Sie: *Ich finde interessant, dass ...*

4.4 Spiel- und Lernräume

Spiel- und Lernraum „Natur“

Die Natur bietet Kindern Freiraum, Spielraum, Beziehungsraum, Entdeckungsraum, Gestaltungsraum, Selbsterfahrungsraum, Rückzugsraum und den Entwicklungsraum für ihr Lernen, Denken und Fühlen. Seele und Körper wachsen zusammen. Sinnliche Erfahrungen von Licht und Schatten, die Farbenvielfalt, Wärme und Sonne, kalter Wind, der Wechsel von Sicherheit und Spannung, Neuland und Heimat stärken das Selbstbewusstsein der Kinder. Sie schmecken, riechen, robben, klettern, springen, hopsen, purzeln, stehen auf Zehenspitzen und schlagen mit Händen, Armen und Beinen Wurzeln. Die Kinder erleben Abenteuer und die Verbundenheit mit Spielgefährten, organisieren sich untereinander und unterstützen sich gegenseitig im Lernen. Sie erleben die Beziehung zu Bäumen, Pflanzen und Tieren und beginnen beim Malen mit Himmel, Sonne, Wolken und Wiese (vgl. Renz-Polster/Hüther, 2020, S. 43–64).

Aufgaben

1. Lesen Sie den Text und markieren Sie die Kernaussagen.
2. Erinnern Sie sich an ähnliche Naturerfahrungen? Tauschen Sie diese Spielgeschichten in der Ausbildungsgruppe aus.
3. Notieren Sie Ihre Eindrücke: *Ich denke, dass .../Mir ist deutlich geworden, dass ...*
4. Erkunden Sie die Spielbereiche im Gruppenraum Ihrer Praxisgruppe mit dem dazugehörigen Spielmaterial und ergänzen Sie die folgende Tabelle.

Web

Spielbereiche der Einrichtung

Spielbereich	Material	Regeln zur Benutzung und zur Aufbewahrung

Auswertungsfragen für das Spiel in bestimmten Spielbereichen

Am Mal- und Werktisch

- In welcher Phase der Gestaltungsentwicklung befindet sich das Kind?
- Hat sich eine bestimmte „Händigkeit“ schon herausgebildet (rechts/links)?
- Welche Motive stellt das Kind dar?
- Entwickelt es eigene Motiv- und Gestaltungsideen?
- Wie fantasievoll, wie genau und achtsam geht es mit dem Material um?
- Kommentiert es sein Werk?

Am Spieltisch

- Welche Spielpartner bevorzugt das Kind (Erwachsene/Kinder)?
- Wie aufmerksam verfolgt es das Spielgeschehen?
- Worum geht es dem Kind bei dem Spiel?
- Verfolgt es eine Strategie?
- Wie geht es mit vorgegebenen Regeln um?
- Wie verhält es sich, wenn es gewinnt bzw. verliert?

Im Baubereich

- Baut das Kind allein, parallel zu anderen oder gemeinsamen mit anderen?
- In welcher Phase der Bauentwicklung befindet sich das Kind?
- Hat es ein Motiv, eine Zielvorstellung von dem Bauwerk?
- Erfasst es technische Zusammenhänge, z. B. Statik?
- Wie gewandt und motorisch geschickt geht es vor?
- Geht es auf Ideen anderer ein?
- Ist es kompromissbereit?
- Gibt es Baumaterial ab bzw. fordert es Material von anderen ein?

Im Rollenspielbereich/Puppenecke

- Gibt es ein gemeinsames Thema?
- Wer bestimmt, welche Rollen gespielt werden?
- Wer ordnet sich unter?
- Wie vielfältig sind die Spielideen?
- Wie sorgfältig gehen die Kinder mit unterschiedlichen Spielwünschen, Spielbedürfnissen und Ansichten um? (Theory of Mind)
- Wird das vorhandene Spielmaterial der Rolle entsprechend benutzt?
- Werden fehlende Requisiten beschafft, hergestellt oder umgedeutet?
- Wie sorgfältig gehen die spielenden Kinder mit dem Material um?

Im Lesebereich

- Hat das Kind Interesse an bestimmten Themen?
- Welche Bücher sucht es aus (Titel)?
- Wie aufmerksam verfolgt es das Geschehen im Buch?
- Fragt es nach? Möchte es sich selbst mitteilen?
- In welcher Phase der Sprachentwicklung befindet sich das Kind?
- Hat es bestimmte Erwartungen an die vorlesende Person?
- Wie schnell erfasst es die Inhalte?
- Wie bedeutsam ist die Möglichkeit des Rückzugs von der Gruppe oder vom Körperkontakt zum zur vorlesenden Person?

Am Esstisch

- Welches Essen bevorzugt das Kind?
- Welche Rückschlüsse lassen das evtl. mitgegebene Essen und Getränk auf die häusliche Versorgung des Kindes zu?
- Wie isst das Kind (Tempo, Sauberkeit, Konzentration, Menge, Genuss, Achtsamkeit)?
- Nimmt es Kontakt zu anderen Kindern am Tisch auf – wie?
- Welche feinmotorischen Fähigkeiten sind zu beobachten?
- Wie schätzen Sie den Ernährungszustand des Kindes ein?

4.5 Spielformen

Spiele und Spielanleitungen

Aufgaben

1. Suchen Sie im Internet, in Fachbüchern und Fachzeitschriften Spielanleitungen zu den folgenden Spielformen (siehe unten) für Kinder unterschiedlicher Altersgruppen.
2. Tauschen Sie die Spielanleitungen in der Ausbildungsgruppe aus. Markieren Sie beliebte Spiele.

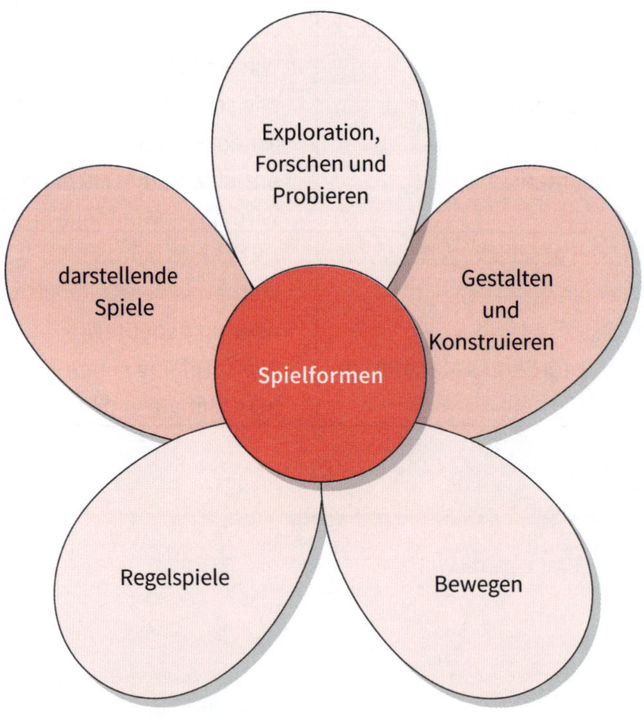

Web

Spielanleitung

Name des Spiels:	**Spielform:**
Alter:	**Anzahl der Spieler:**

Ziele:

Spielvorbereitung und Material:

Durchführung: ***genaue Beschreibung des Spielablaufs, dazugehörende Spielregeln***

Ideen und Varianten, besondere Spielhinweise:

Regelspiele meiner Praxisgruppe

Aufgabe

Wählen Sie fünf beliebte Regelspiele Ihrer Einrichtung aus und machen Sie sich bewusst, welche Kompetenzen beim Spielen dieser Spiele erlangt werden und welche Beobachtungen und Erfahrungen Sie damit schon gemacht haben.
Ergänzen Sie die folgende Tabelle.

Web

Regelspiele

Regelspiel, Alter, Anzahl der Mitspieler	**Kompetenzförderung**	**Beobachtungen und eigene Erfahrungen**

4.6 Spielbegleitung

Die Aufgaben der pädagogischen Fachkraft im Spiel

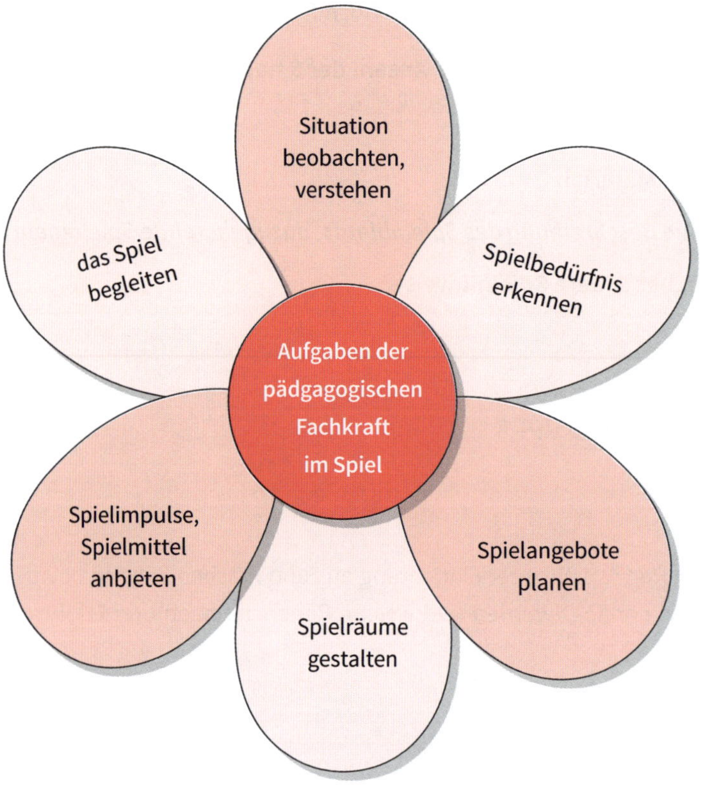

Die pädagogische Fachkraft nimmt Kontakt im Spiel auf

Die Kontaktaufnahme zu den Kindern ist eine zentrale Aufgabe der Spielbegleitung. Reflektieren Sie, wie es Ihnen am besten gelingt, diese Aufgabe wahrzunehmen.

Aufgabe

Erinnern Sie sich an drei Situationen im Praktikum, bei denen es Ihnen gelungen ist, Kontakt mit einem Kind aufzubauen. Warum waren Sie so erfolgreich?

Web

Meine Kontaktaufnahme im Freispiel

Situationsbeschreibung	Warum ist mir das gelungen?
1.	
2.	
2.	

Das Freispiel ist Zeit für Zuwendung, Anerkennung und Wertschätzung

Bei all Ihren Aufgaben spielt die positive Zuwendung zum Kind und der Ausdruck von Anerkennung und Wertschätzung eine wichtige Rolle.

Aufgabe

Beschreiben Sie zehn Möglichkeiten, Zuwendung, Anerkennung und Wertschätzung dem Kind gegenüber auszudrücken.

Zuwendung, Anerkennung, Wertschätzung zum Ausdruck bringen

1. __________

2. __________

2. __________

3. __________

4. __________

5. __________

5. __________

...

Handlungsempfehlungen für die Spielbegleitung bei Kindern unter drei Jahren

Im Spiel entwickelt das Kind seine Fähigkeiten. Es erlebt seine Selbstwirksamkeit im Zusammenspiel von Ursache und Wirkung, macht neue Erfahrungen und gewinnt so Selbstvertrauen.

- Sie bieten Spielmaterial an und untersuchen es mit dem Kind genau.
- Sie beobachten dabei die kindlichen Strategien und Aktivitäten.
- Sie begleiten mit alltagsorientierter Sprache das Spiel und erweitern dabei den Wortschatz des Kindes.

Spielbeobachtung

„Ich beobachte ein dreijähriges Kind, wie es mit Wasser spielt. Es wirft ein Blatt ins Waschbecken, belädt es mit einem Stein, das Blatt geht unter, eine Plastikschüssel kommt dazu, eine Murmel kommt hinein, die Schüssel schwimmt, die Murmel wird direkt ins Wasser geworfen und beim Sinken beobachtet. Die Plastikschüssel wird umgedreht und unters Wasser gedrückt, flutscht hinaus, wird wieder umgedreht und mit Wasser gefüllt, sie sinkt auch nach unten, die Murmel wird in die Schüssel gelegt: ‚Der Kabeteen', erklärt das Kind; die Schüssel wird mit der Murmel durchs Wasser gezogen, immer schneller und schneller, der Kapitän fällt ins Wasser, bleibt eine Weile am Grund liegen, wird wieder herausgezogen und liebevoll abgetrocknet. ‚Sonst kriegda Snupfn!'"

(Quelle: Pohl: Kindheit – aufs Spiel gesetzt: Vom Wert des Spielens für die Entwicklung des Kindes, 2014, S. 36–37.)

Aufgaben

1. Zur Spielbeobachtung: Beschreiben Sie bei diesem Kind sein momentanes Spielinteresse. Entwickeln Sie für dieses Kind Ideen zur Spielbegleitung.
2. Beobachten Sie bei einem Kind unter drei Jahren sein momentanes Spielinteresse.
3. Stellen Sie neues Spielmaterial zu diesem Interesse zur Erkundung bereit.
4. Bieten Sie ihm den nächsten Entwicklungsschritt in diesem Lernbereich an durch Anregungen, Erklärungen, Impulse und Anerkennung (Scaffolding).

Web

Spielbegleitung bei Kindern unter drei Jahren

Name und Alter des Kindes:
Das momentane Spielinteresse:
Spielort und Spielmaterial, der/das diesem Interesse entspricht:
Was bringt das Kind zum Staunen?
Entwicklungsschritte, Vorerfahrungen und Fähigkeiten des Kindes:
Neuer Wortschatz:
Diese neuen Erfahrungen sind möglich:
Mögliche Unterstützung, Spielalternativen und Wertschätzung:

Reflexion

Was ist aus meinen Vorsätzen geworden?

Wie hat das Kind auf meine Vorbereitung reagiert?

Was muss ich bei der nächsten Spielbegleitung bei diesem Kind beachten?

Welche Fragen habe ich noch?

Wie wird das Erkundungs- und Spielmaterial aufbewahrt, wie und wann wieder eingesetzt? Welche Regeln gelten?

Das kindliche Spiel in den Spielbereichen begleiten

Aufgaben

1. Bereiten Sie sich auf die Spielbegleitung in Ihrer Praxisgruppe vor.
2. Übernehmen Sie die Spielbegleitung nach Absprache mit der Praxisanleitung für eine begrenzte Zeit im Freispiel.
3. Erstellen Sie für jeden Spielbereich Ihrer Praxisgruppe einen schriftlichen Plan nach dem folgenden Muster.

Web

Das kindliche Spiel in den Spielbereichen begleiten

Datum: ______________________ Uhrzeit: ______________________

Spielbegleitung im Spielbereich: ______________________

Foto von diesem Bereich einfügen oder Skizze zeichnen	
Welche kindlichen Bildungsprozesse und Spielthemen habe ich beobachtet? Was spielt sich da momentan ab?	Organisatorische Aufgaben zur Sicherheit, Aufsichtspflicht, Materialauswahl, Regeln in diesem Bereich
Wie begleite ich die kindlichen Bildungsprozesse in diesem Spielbereich?	Worauf achte ich besonders? Was tue ich, wenn ...

Aufgabe

Beobachten Sie mithilfe des folgenden Beobachtungsbogens im Freispiel zehn Minuten, was jedes Kind in der Gruppe tut.

Die Gruppe bei der Spielbegleitung beobachten

Web

Wer tut was? – Spielbeobachtungen bei allen Kindern im Freispiel (zehn Minuten)

Beobachter/-in: ____________ Datum:: ____________ Ort: ____________

Beginn der Beobachtung: ____________ Datum:: ____________

Vorname, Alter
Vorname, Alter
Vorname, Alter
Beobachtungen, die ich an die Gruppenleitung weitergebe:
Was hat sich beim Aufenthalt der Kinder in den Spiel- und Lernbereichen in der Zeit verändert?
Was ist mir dabei besonders aufgefallen? Welche Fragen sind noch offen?
Wie kann ich dieses Wissen nutzen?

Spielbegleitung – auf den Kopf gestellt

Was du nicht willst, das man dir tu, das füg auch keinen Kindern zu.

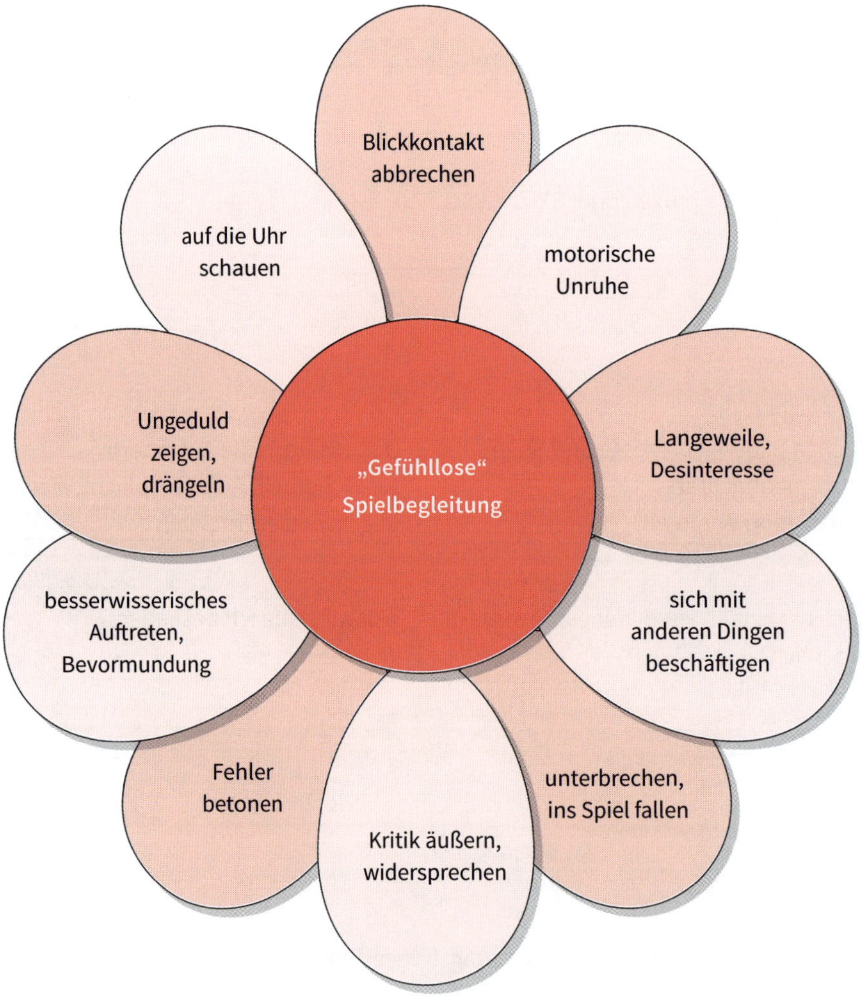

Aufgaben

1. Spielen Sie in der Ausbildungsgruppe eine Szene im Rollenspiel in einem von Ihnen gewählten Spielbereich mit oben genannten negativen Beispielen zur Spielbegleitung. Die Beobachterinnen versuchen, sich in jede der Mitspielerinnen einzufühlen.
2. Auswertung:
   - Wie fühlen Sie sich in Ihrer Rolle?
   - Was haben Sie in der Rolle erlebt? Wie geht es Ihnen?
3. Auswertungsfragen für die Beobachterinnen:
   - In welche Rolle konnten Sie sich einfühlen?
   - In welche Rolle konnten Sie sich nicht einfühlen?
   - Was haben Sie in Ihrer Einfühlung in die Rolle erlebt?
   - Wie geht es Ihnen jetzt?
4. Entwickeln Sie im Rollenspiel für die Spielszene eine **feinfühlige** Spielbegleitung. Die Beobachterinnen fühlen sich wieder in jede Mitspielerin ein.
5. Auswertung: Werten Sie die Erfahrungen aus und dokumentieren Sie Ihre Gruppenergebnisse auf kreativ gestalteten Gruppenplakaten mit dem Thema „Feinfühlige Spielbegleitung“.

5 Bildungsprozesse begleiten

Frühkindliche Bildung geschieht

- als individueller und sozialer Prozess
- in sozialer konkreter Situation mit Beteiligung des Kindes
- in Interaktion mit Eltern, Fachkräften und allen am Erziehungs- und Bildungsprozess beteiligten Personen

Ich werde kompetent

- die eigene Bildungsbiografie reflektieren
- kindliche Bildungspotenziale erkennen, moderieren und dokumentieren
- Bildungsschwerpunkte des Bildungsplans und zur nachhaltigen Entwicklung umsetzen
- die Chancengleichheit aller Kinder sichern
- lebenslang lernen

5.1 Bildungsbiografie

Mein Entwicklungs- und Bildungsweg

Aufgaben

1. Fragen Sie Ihre Eltern und Geschwister zu Ihrem Entwicklungs- und Bildungsweg. Betrachten Sie zusammen Fotos aus Ihrer Kindheit. Platzieren Sie hier Ihr Lieblingsfoto.

Mein Lieblingsfoto

2. Zeichnen Sie Ihren persönlichen Entwicklungs- und Bildungsweg. Beginnen Sie mit Ihren ersten bewussten Erinnerungen und zeichnen Sie einen Weg, auf dem zu ersehen ist, was Sie wann gelernt haben.

Mein Bildungsweg mit Hürden und Erfolgen

Mein Bild von der idealen Schul- und Ausbildung

Aufgaben

1. Beschreiben Sie die Zeichnung.
2. Formulieren Sie das Thema und das Problem.
3. Deuten Sie Einzelheiten der Zeichnung und die dazugehörigen Sprechblasen.
4. Haben Sie im Laufe Ihrer Schulzeit bereits Veränderungen in Schule und Unterricht festgestellt?
5. Äußern Sie Ihre eigene Meinung zum Thema „Schule und Schulbildung heute“.
6. Zeichnen Sie zu zweit ein Bild von der „idealen Schule“, in der Sie gerne lernen würden.

Beschreibung der Abbildung:

____

____

____

Das Thema der Abbildung:

____

____

Die Probleme der abgebildeten Personen:

____

____

Meine Meinung zu Einzelheiten der Abbildung und Sprechblasen:

Diese Veränderungen habe ich im Laufe meiner Schulzeit erlebt:

Meine Meinung zur „Schule und Ausbildung von heute“:

5.2 Das Bild vom Kind

Die Vorstellungen vom „idealen Kind“ haben sich im Laufe der Geschichte verändert. Tauschen Sie sich in der Ausbildungsgruppe mithilfe der nächsten Aufgabe über Ihre Haltungen und Einstellungen Kindern gegenüber aus.

Aufgaben

1. Sammeln Sie in der Ausbildungsgruppe Bilder von Kindern unterschiedlichen Alters.
2. Gestalten Sie mit diesen Bildern eine Wandzeitung.
3. Wählen Sie aus diesen Bildern Ihr Lieblingsbild und versehen Sie es mit einem Punkt.
4. Beschreiben Sie anhand folgender Fragestellungen, welche Gefühle und Erinnerungen das Bild vom Kind in Ihnen auslöst.

Mein Bild vom Kind

Das Kind erinnert mich an:

Dabei habe ich folgende Gefühle:

Mein Eindruck von dem Kind:

An dem Kind ist mir sympathisch (vielleicht auch nicht sympathisch):

Dieses Kind erinnert mich an andere Kinder:

Mir persönlich gefallen Kinder besonders gut, die …

Welche Kinder machen es mir leicht? Welche Kinder machen es mir schwer?

Mir wird jetzt klar, ...

Aufgaben

1. Tauschen Sie sich mit der Gruppe über Ihre Ergebnisse aus.
2. Welche Haltungen und Einstellungen Kindern gegenüber werden deutlich?
3. Welches Bild hat die meisten Punkte?
4. Wie sieht die Vorstellung vom „idealen Kind“ in der Ausbildungsgruppe aus? Was hat Sie dabei überrascht?
5. Ergänzen Sie Ihre Wandzeitung.

Das ideale Kind ist ...

___

___

___

6. Dokumentieren Sie Ihre Erkenntnisse.
7. Vergleichen Sie Ihre Ergebnisse zum Bild vom „idealen Kind“ mit dem Bild vom Kind aus Ihrem Bildungsplan. Was hat Sie überrascht?

Ich verstehe jetzt, dass ...

___

___

___

5.3 Die Bedeutung der Bildung in der frühen Kindheit

Die Ergebnisse der Bildungsforschung zeigen die Bedeutung der Bildung in der frühen Kindheit. Frühkindliche Bildung und Förderung sind grundlegend für den Bildungserfolg, für Entwicklungs-, Teilhabe- und Aufstiegschancen.

Themenbezogene Bildungs- und Erziehungsbereiche sichern

- die Entwicklung individueller Fähigkeiten und
- die Früherkennung von Entwicklungsgefährdung.

5.3.1 Die pädagogische Fachkraft beobachtet und unterstützt kindliche Grundbedürfnisse

Erfolgreiche Lern- und Bildungsprozesse sind nur unter bestimmten Voraussetzungen möglich. Das Kind will

- selbstbestimmt handeln,
- seine Kompetenz erleben,
- sozial eingebunden sein.

Ob der Gruppenraum die Erfüllung dieser Grundbedürfnisse für das kindliche Lernen ermöglicht, können Sie beobachten.

Aufgabe

Erkunden Sie Ihren Gruppenraum und finden Sie heraus, wo welche Grundbedürfnisse für das kindliche Lernen erfüllt werden.

Web

Kindliche Grundbedürfnisse beobachten und unterstützen

Grundbedürfnis	Wo ist das möglich?	Wie kann das Grundbedürfnis unterstützt werden?
selbstbestimmt handeln		
eigene Kompetenz erleben		
soziale Eingebundenheit erleben		

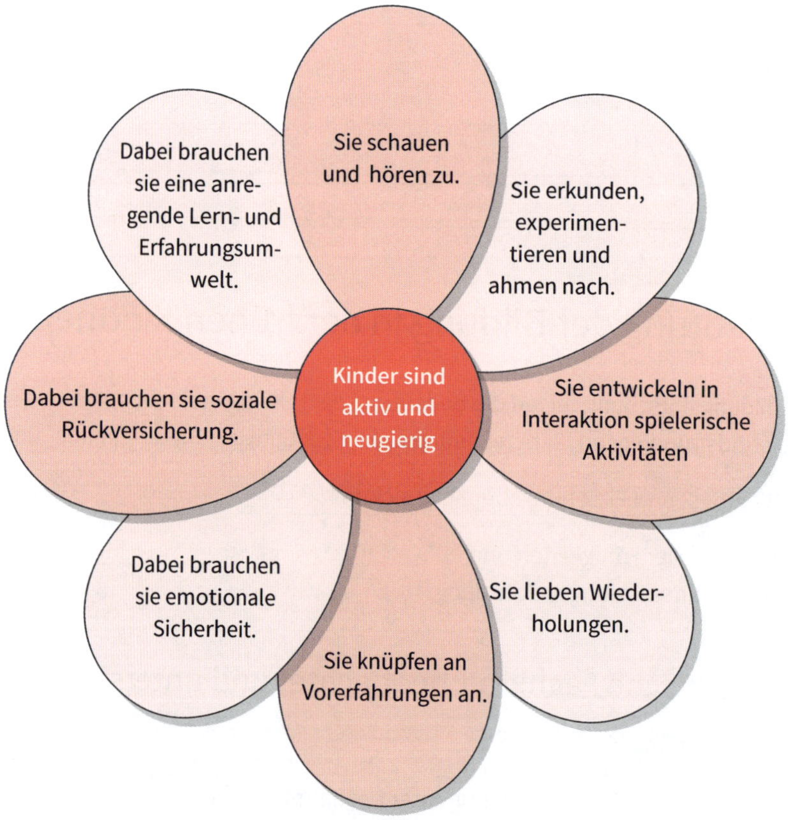

Aufgaben

1. Notieren Sie je ein Beispiel aus Ihrer Praktikumsgruppe zu den oben genannten Aussagen.
2. Tauschen Sie Ihre Ergebnisse in der Ausbildungsgruppe aus.
   Vergleichen Sie: Gibt es unterschiedliche Ergebnisse je nach Praxiseinrichtung und Alter der Kinder?
3. Dokumentieren Sie die Lernergebnisse an der Wandzeitung.

Kinder meiner Praxisgruppe sind aktiv und neugierig

Das habe ich bei Kindern beobachtet

Diese Kinder schauen und hören gerne zu:

____

Diese Kinder erkunden, experimentieren und ahmen gerne nach:

____

Diese Kinder entwickeln in Interaktion gerne spielerische Aktivitäten:

____

Diese Kinder lieben Wiederholungen:

____

____

Diese Kinder knüpfen gerne an Vorerfahrugen an:

____

____

Diese Kinder brauchen emotionale Sicherheit:

____

Diese Kinder brauchen soziale Rückversicherung:

____

Diese Kinder brauchen eine anregende Lern- und Erfahrungswelt:

____

5.3.2 Die pädagogische Fachkraft gestaltet die kindliche Lernwelt

Die pädagogische Fachkraft unterstützt und verstärkt das kindliche Verhalten in seinem Bildungsprozess von Anfang an.

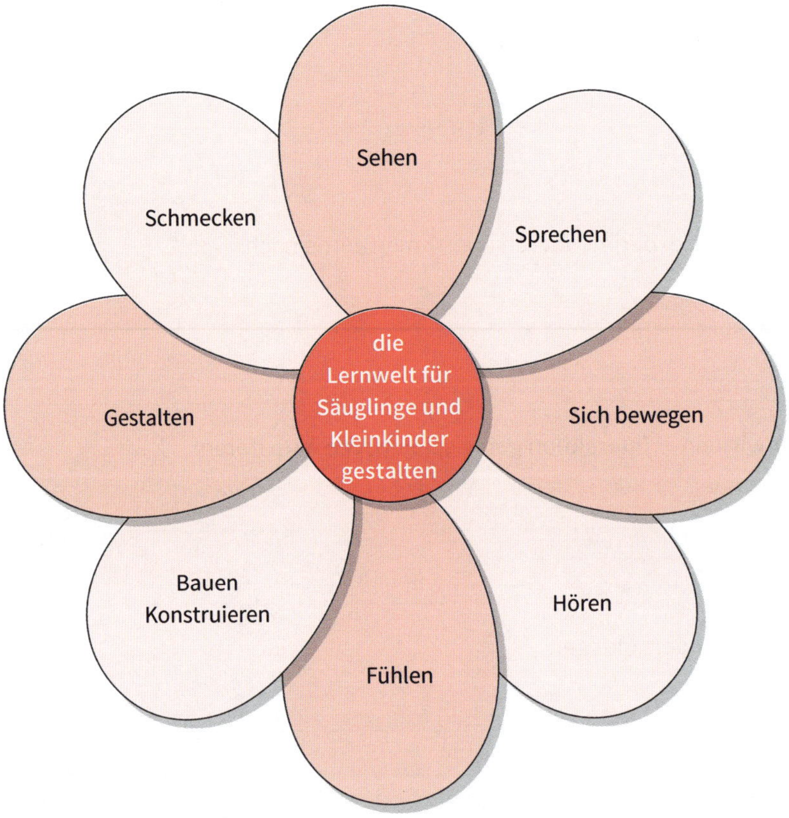

Aufgaben

1. Sammeln Sie Ideen, wie Sie mobilen Säuglingen im Alter zwischen sechs und 14 Monaten die oben genannten Erfahrungen ermöglichen.
2. Wählen Sie je ein Spielmaterial und beschreiben Sie, wie Sie damit die kindlichen Aktivitäten unterstützen. Achten Sie dabei auf Sicherheit und Nachhaltigkeit.

Web

Eine Lernwelt gestalten

Alter: 6–14 Monate

Entwicklungsbereich	Spielmaterial	Mögliche Aktivitäten
Bewegen		
Fühlen		
Sprechen		
Hören		
Sehen		

Eine Lernwelt aus Schlausteinen schaffen

Schlausteine

„Bausteine können mehr, als Kinder eine Weile zu beschäftigen. Das Spielen mit den bunten Quadern ebnet bereits im Kleinkindalter den Weg zu gutem räumlichen Vorstellungsvermögen und zu mathematischem Verständnis. Hinweise darauf, dass diese Grundlagen für das spätere Lernen in Fächern wie Naturwissenschaft, Mathematik, Technik und Ingenieurwissenschaften schon so früh gelegt werden können, liefert nun eine Studie von Forschern um Brian Verdine von der University of Delaware (Child Development, online). Dreijährige, die besser darin sind, Bausteinkonstruktionen nachzubauen, schneiden den Ergebnissen zufolge auch besser in einfachen Matheaufgaben ab. Einen Unterschied zwischen den Geschlechtern konnten die Forscher nicht feststellen, wohl aber zwischen unterschiedlicher sozialer Herkunft. Kinder mit sozial schwächerem Hintergrund fielen bereits in diesem frühen Alter hinter Kinder aus sozial stärkeren Familien zurück. Ein Faktor, der dazu beitrug, war offenbar auch die Art, wie die Eltern mit ihren Kindern kommunizierten. Sozioökonomisch schwächere Eltern nutzten seltener Begriffe, um räumliche Bezüge zu verdeutlichen. Da Bausteine ein verhältnismäßig erschwingliches Spielzeug sind, so die Forscher, könnten sie selbst an Einrichtungen mit geringerem Etat erfolgreich eingesetzt werden, um genau diese Lücke zu verringern."

(Quelle: Dick-Pfaff: Mehr bunte Bausteine für Dreikäsehochs, 2013 (verändert).)

Aufgaben

1. Lesen Sie den Text und markieren Sie wichtige Schlagwörter.
2. Klären Sie unbekannte Begriffe.
3. Die Forscher haben für Sie zur pädagogischen Begleitung der kindlichen Bildungsprozesse einen wichtigen Hinweis. Welcher ist das?
4. Gestalten Sie für Kleinkinder eine Lernwelt mit Bausteinen und begleiten Sie ein Kind, das gerne baut, nach den oben stehenden Handlungsempfehlungen.
5. Reflektieren Sie mit dem Kind, wie das Ergebnis zustande gekommen ist.
6. Wie haben Sie sich dabei gefühlt? Welche Erfahrung hilft Ihnen beim nächsten Mal weiter?

Meine Ideen zur Spielbegleitung und zur Spielraumgestaltung mit Schlausteinen

So stelle ich mir den Spielraum mit Bausteinen vor für Kinder im Alter zwischen … und …

5.3.3 Die pädagogische Fachkraft begleitet das Kind zum nächsten Lernschritt (Scaffolding)

Aufgabe

Als pädagogische Fachkraft unterstützen Sie das Kind in seinem Verhalten und verhelfen ihm zum nächsten Lernschritt. Bringen Sie die folgenden Handlungsempfehlungen in die richtige Reihenfolge

Das Kind in seinen Wünschen unterstützen.

Den nächsten Lernschritt anbahnen und neue Erfahrungen ermöglichen.

Das Spielmaterial anbieten, es mit dem Kind genau untersuchen, einfühlsam Aktivitäten entwickeln und sprachlich begleiten.

Lernfortschritte wertschätzen und dokumentieren.

Das Entwicklungsniveau kennen: Entwicklungsschritte, Vorerfahrungen und Fähigkeiten des Kindes Was kann das Kind, was mag das Kind, was mag es nicht so gerne tun?

Wiederholungen und Alternativen ermöglichen.

Spielort und Spielmaterial, das den kindlichen Interessen entspricht, wählen.

Scaffolding auf dem Weg zu einer sprachbunten Kita und nachhaltigen Entwicklung

Kinder in einer sprachbunten Kita entdecken zusammen die Vielfalt verschiedener Sprachen, mischen sie und denken sich neue mit Freude aus. Mehrsprachigkeit und Sprachmischung sind der Schlüssel für erfolgreiche Kommunikation.

Die pädagogische Fachkraft begleitet die Mehrsprachigkeit:

- Sie macht alle Sprachen sichtbar.
- Sie macht alle Sprachen hörbar.
- Sie zeigt gegenüber allen Sprachen ihre Wertschätzung.
- Sie nutzt alle Sprachen im Alltag und
- beheimatet alle Sprachen in der Gruppe.

(vgl. Kühn, 2021, S. 15 f.)

Beim mehrsprachigen Spracherwerb kann die pädagogische Fachkraft alle Kinder unterstützen, Sprache im Zusammenhang von Situation und Handlung zu verstehen und so selbst zu handeln. Folgende Handlungsempfehlungen sind dabei hilfreich:

1. Symbole und Bilder in Räumen, z. B. an Schubladen, anbringen. Sie unterstützen das Verstehen wichtiger Regeln in Lernräumen und Spielecken.

2. Rituale für feste oder bestimmte Situationen festlegen, z. B. Klangschalen läuten Ruhephasen ein, eine Handpuppe beim Erzählen ist Sprachkünstlerin. Sie fordert die Kinder zu kreativen Spracherfindungen auf und sammelt Wörter aus aller Welt.
3. Bild-Wörterbücher in verschiedenen Sprachen ermuntern Kinder zum Erforschen neuer Wörter.
4. Der Lebensbezug zu den unterschiedlichen Kulturen kann anhand von Gegenständen, z. B. Essensgeschirr, hergestellt werden.
5. Anknüpfen an die Erfahrungen der Kinder, diese werden beispielsweise nach Wörtern in ihrer Familiensprache gefragt.
6. Bekannte Gegenstände aus verschiedenen Kulturen oder Bilder begleiten Erzählungen oder sind Sprech- und Erzählanlass.
7. Gestik, Mimik, Körperhaltung und wichtige weltweite Handzeichen unterstützen das Verstehen und die Kommunikation mit den Kindern.

Aufgaben

1. Lesen Sie die Handlungsempfehlungen zur Entwicklung einer sprachbunten Kita.
2. Markieren sie mit Gelb die Punkte, die Sie in Ihrer Praxiseinrichtung bereits beobachtet haben.
3. Markieren Sie mit einem Stern die Ideen, die für Ihre Situation im Praktikum hilfreich sind, und ergänzen Sie die Liste mit Ihren Ideen, Mehrsprachigkeit von Anfang an bei allen Kindern zu fördern.
4. Erproben Sie drei Ideen in Ihrer Praxiseinrichtung.
5. Reflektieren Sie: Wie zufrieden sind Sie mit Ihrem Ergebnis? Was ist Ihnen schwergefallen? Was möchten Sie noch lernen?
6. Tauschen Sie Ihre Ergebnisse in der Ausbildungsgruppe aus. Was hat Sie dabei überrascht? Haben sich neue Fragestellungen ergeben, z. B. wie zielführend sind separate Deutschkurse für Kinder aus Zuwandererfamilien?

5.4 Bildung sichert die nachhaltige Entwicklung im 21. Jahrhundert

Bildung verändert die Welt

Der Mensch verändert die natürliche, feste Erdoberfläche, die Ozeane und Atmosphäre, das Klima, die biologische Vielfalt und Kreisläufe.

Durch Züchtung von Nutzpflanzen und Nutztieren verringert er die vorhandene Vielfalt der Pflanzen- und Tierwelt.

Bildung für nachhaltige Entwicklung (BNE) heißt:

- alte Gewissheiten und Gewohnheiten hinterfragen,
- Neues und Unbekanntes erkunden und wagen,
- gemeinsam lustvoll wahrnehmen, kreativ experimentieren, mit allen Sinnen begreifen und staunen.

In der Internationalen Auftaktkonferenz zum UNESCO Programm „BNE 2030" vom 17.–19. Mai 2021 in Berlin wurde von der UNESCO und dem Bundesministerium für Bildung und Forschung (BMBF) ein Bildungsprogramm zur nachhaltigen Entwicklung (BNE) festgelegt.

Den internationalen Rahmen für nachhaltige Entwicklung bilden dabei 17 Leitziele, um durch globales Denken und lokales Handeln den Planeten Erde zu retten, menschenwürdiges Leben für alle zu ermöglichen und die natürlichen Lebensgrundlagen dauerhaft zu bewahren.

Die 17 Leitziele der UNESCO zur Agenda 2030

Das Konzept der Bildung für nachhaltige Entwicklung (BNE) **verpflichtet** die pädagogischen Fachkräfte, Kindern die 17 Leitziele zur nachhaltigen Entwicklung in Form von Bildungsangeboten und Projekten zugänglich zu machen und sie so zu zukunftsfähigem Denken und verantwortungsvollem Handeln zu befähigen.

Dazu ist es erforderlich, die unterschiedlichen Kompetenzen, das Wissen und die Fertigkeiten der pädagogischen Fachkräfte zu stärken und zu bündeln.

Bund und Länder erarbeiten Grundlagen zur Bildung für nachhaltige Entwicklung, d. h. für alle Bildungsorte für Kinder und für alle am Bildungsprozess beteiligten Personen.

5.4.1 Aufgaben und Projekte im Team analysieren

Die Aufgaben der pädagogischen Fachkraft:

- Durch Recherche Informationen, Zahlen, Daten und Fakten erfassen und ordnen,
- Schlüsse ziehen, Unterschiede in der Auswertung feststellen, neue Fragestellungen erarbeiten und Fake-News aufdecken.
- In Kooperation und Vernetzung mit allen am Erziehungs- und Bildungsprozess beteiligten Personen gemeinsam Einstellungen und Lebensgewohnheiten ändern.
- Aushandlungs- und Entscheidungsprozesse dazu in den jeweiligen Bildungsorten verankern.
- Die bunte Vielfalt der Kulturen, Religionen und Sprachen als Chance für den Frieden schätzen.
- Auf diesen Grundlagen Ideen für Bildungsangebote für Kinder entwickeln.

Stärken Sie Ihre Kompetenzen, Ihr Wissen und Ihre Fertigkeiten und bewältigen Sie gemeinsam die Handlungsanforderungen der 17 Leitziele zur Bildung nachhaltiger Entwicklung.

Selbstreflexion

Aufgaben

1. Sie sind als pädagogische Fachkraft das Vorbild im Hinblick auf die Verantwortung für Natur und Umwelt. Können Sie sich vorstellen, aktiv für die Belange der Natur einzutreten? Notieren Sie, was Sie daran hindert.
2. Überprüfen Sie Ihre Einstellung zu den 17 Leitzielen.
   - Brainstorming: Schreiben Sie zu den oben genannten Leitzielen je drei Begriffe, die Ihnen in den Sinn kommen.
   - Markieren Sie Leitziele, zu denen Sie bereits Vorwissen und Erfahrungen gesammelt haben.
   - Markieren Sie die Leitziele, bei denen Sie bei sich Wissenslücken vermuten, mit Rot.
   - Begründen Sie Ihre Auswahl. Was hat Sie dabei überrascht?
3. Lesen Sie die 17 Leitziele nochmals und überdenken Sie Ihre Einstellungen und Lebensgewohnheiten hierzu. Wie zufrieden sind Sie mit Ihren Ergebnissen? Haben sich für Sie neue Fragestellungen und Vorsätze ergeben?
4. Fassen Sie Ihre Erkenntnisse zusammen:
   - *Ich denke, dass …*
   - *Ich finde interessant, dass, …*
   - *Mir ist deutlich geworden, dass ...*
   - *Meine Fragen und Vorsätze sind ...*
5. Notieren Sie Naturerlebnisse, die Sie beeindruckt haben.
   Welche Personen haben diese Ihnen ermöglicht?
   Tauschen Sie die Erlebnisse in der Gruppe aus.
6. Welche Erfahrungen möchten Sie an Kinder weitergeben, welche auf keinen Fall?
   Erstellen Sie dazu eine Rangfolge.
7. Ein Thema interessiert Sie besonders. Begründen Sie Ihre Auswahl. Was fällt Ihnen dazu ein? Was hindert Sie daran? Was sind Ihre Befürchtungen? Fallen Ihnen Personen ein, die Sie unterstützen könnten?

Ausbildungsgruppe

In der Kleingruppe neugierig sein: Sammeln und ordnen Sie Zahlen, Daten und Fakten. Wählen Sie in der Kleingruppe **ein Leitziel** aus und bearbeiten Sie dazu die folgenden Aufgabenstellungen.

Aufgaben

1. Recherchieren Sie zum gewählten Leitziel die Aussagen der UNESCO in Deutschland und weltweit. Klären Sie Begriffe und notieren Sie Ihre Ergebnisse.
2. Recherchieren Sie zu diesem Leitziel Hilfsorganisationen und entsprechende Handlungsempfehlungen in Deutschland und weltweit.

3. Clustern, d. h. sortieren und ordnen, Sie Ihre Ergebnisse in einem Schaubild.
4. Diskutieren Sie Ihre Ideen, Ihre Meinungen und stellen Sie kreativ Zusammenhänge her.
5. Notieren Sie dazu, welche neuen Fragen sich bei der Recherche für Sie ergeben haben.
6. Markieren Sie farblich Ergebnisse, von denen Sie meinen: Das sollten Kinder wissen, da könnten Kinder aktiv werden.
7. Recherchieren Sie, welche Bildungsprogramme zu den 17 Leitzielen in der frühkindlichen Bildung angeboten werden. Erstellen Sie dazu eine Liste mit Internetadressen. Tauschen Sie sich in der Ausbildungsgruppe aus.

In der Kleingruppe Ideen entwickeln

Aufgaben

1. Diskutieren Sie, welche Konsequenzen die oben genannten Erkenntnisse für Ihre Lebensweise haben. Was könnten Sie selbst tun? Nennen Sie Personen in Ihrem Umfeld, die Sie dabei unterstützen könnten.
2. Recherchieren und entwickeln Sie Ideen und Handlungsempfehlungen für Kinder in einer digitalen Materialiensammlung zum gewählten Leitziel (z. B. Märchen, Geschichten, Bilderbücher, Lieder, Naturbeobachtungen, Exkursionen, Spiele, Lernort- und Raumgestaltung zu verschiedenen Jahreszeiten und Projektideen).

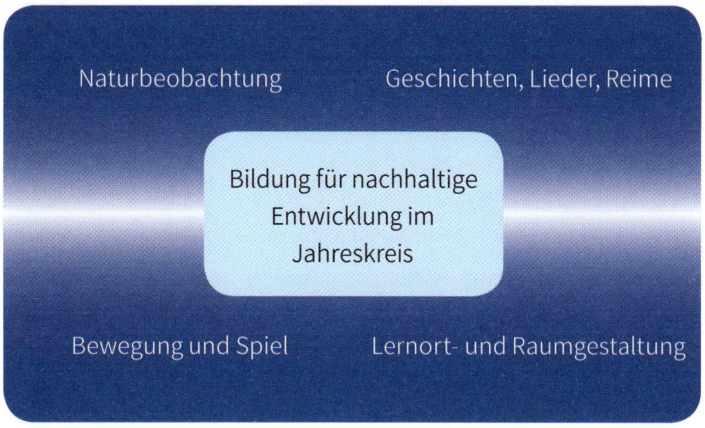

Ideen sammeln

3. Tauschen Sie in der Ausbildungsgruppe Internetadressen, Informationsquellen und Ergebnisse aus. Gibt es Unterschiede? Was ist Ihnen besonders aufgefallen? Markieren Sie Links, in denen hilfreiche Informationen zu finden sind.
4. Bewerten Sie gemeinsam Ihre Ergebnisse. Gibt es Unterschiede in der Auswertung? Was ist Ihnen bei den Entscheidungs- und Aushandlungsprozessen leichtgefallen, was ist Ihnen schwergefallen? Was hat Sie überrascht?
5. Diskutieren Sie in der Ausbildungsgruppe:
   Was hat sich in meiner Einstellung verändert?
   Welchen Einfluss hat das auf mein künftiges Verhalten?
6. Notieren Sie: *Ich denke, dass .../Mir ist klargeworden, dass ...*
7. Lesen Sie einander Ihre Ergebnisse in der Ausbildungsgruppe vor.

Im Praktikum

BNE gehört zu den dringendsten Aufgaben der kindlichen Bildungsorte.
Sie haben Ihre Praxisstelle angetreten und bereits viele Aufgaben übernommen, Sie entwickeln eine professionelle Haltung.

Praxisanleitung

Aufgaben

1. Fragen Sie Ihre Praxisanleitung:
   - Gibt es Leitlinien und Handlungsempfehlungen zur Bildung für nachhaltige Entwicklung in der Einrichtung? Wenn ja, welche sind das? Wo werden diese Ziele in der Einrichtung hörbar, sichtbar und erlebbar?
   - Gibt es Projekte, Ausflüge, Exkursionen, Experimente und Aktionen zu Naturbegegnung, Umwelterziehung, Mülltrennung, Lernort- und Raumgestaltung, zur Plastikvermeidung?
   - Besteht eine Vernetzung und Kooperation mit anderen Bildungsorten in der Gemeinde?
2. Tauschen Sie Ihre Ergebnisse in der Ausbildungsgruppe aus. Stellen Sie Unterschiede in den jeweiligen Praxisstellen fest. Was hat Sie dabei überrascht?

Kindergruppe

Aufgaben

1. Gibt es ein Thema zu den 17 Leitzielen, für das Sie bei Kindern oder bei einem Kind Ihrer Praxisgruppe Interesse beobachten?
   Woher kommt womöglich dieses Interesse? Wer interessiert sich noch für das Thema?
   Fragen Sie Ihre Praxisanleitung.
2. Sie möchten dieses Interesse unterstützen.
   Recherchieren Sie zu diesem Thema und entwickeln Sie Ideen für ein pädagogisches Bildungsangebot. Wer kann Sie bei der Durchführung dabei unterstützen, z. B. Mitarbeiter und Mitarbeiterinnen anderer Bildungsorte in der Kommune? Wer ist Ansprechpartner?
3. Notieren Sie Themenbereiche, die Sie im Praktikum mit den Kindern erschließen wollen. Welche Personen könnten Sie dabei unterstützen?

Bildungsorte für Kinder in Ihrer Kommune

Kindliche Bildungsorte können für zukunftsfähige Kommunen Modellorte einer Bildung für nachhaltige Entwicklung werden, z. B. bei der Betriebsführung, der Auswahl der Lieferanten, bei der Gestaltung von Gebäuden und Gelände.

Aufgaben

1. Recherchieren Sie die Bildungsorte für Kinder in Ihrer Kommune und deren Internetauftritte. Finden Sie Hinweise auf BNE?
2. Erstellen Sie dazu eine Präsentation.
3. Tauschen Sie ihre Ergebnisse in der Ausbildungsgruppe aus. Was hat Sie überrascht?

Fortbildungsangebote

Aufgaben

1. Finden Sie im Internet Fortbildungsangebote für pädagogische Fachkräfte zur BNE.
2. Notieren Sie, welche Themenbereiche der 17 Leitlinien Sie hier besonders interessieren.
3. Tauschen Sie Ihre Ergebnisse in der Gruppe aus.

5.4.2 Aufgaben und Projekte gemeinsam mit Kindern analysieren

Welche Haltung und Kompetenzen brauchen wir für die Zukunft, um die Bedürfnisse gegenwärtiger und zukünftiger Generationen zu berücksichtigen und ein friedliches Zusammenleben zu sichern?

Kinder lernen im Projekt, Schritte einer Aufgabe zu verstehen, Probleme wahrzunehmen, zu forschen, zu finden und zu erfinden.

Die Wahrnehmung der Probleme ist der Grundstein für ein friedliches Zusammenleben. Dabei ist die Neugier der Motor zur Exploration, zum Forschen, Finden und Erfinden.

Gemeinsam handeln

Aufgaben

1. Erstellen Sie eine Rangfolge folgender Aussagen. Was ist Ihrer Meinung nach zu tun?
   - eigene Lebensgewohnheiten und eigenes Handeln überdenken
   - Verantwortung für die Umwelt übernehmen
   - sich aktiv für die Belange der Natur einsetzen
   - die Natur in ihrer Vielfalt wahrnehmen
   - ökologische Zusammenhänge wahrnehmen
   - Zusammenhänge, Wechselwirkungen und Kreisläufe erkennen
   - das Konsum- und Ernährungsverhalten kritisch hinterfragen
   - klimafreundliche Mobilität unterstützen
   - die Bildungsorte vernetzen
2. Erstellen Sie für folgende Bildungsinhalte eine Rangfolge nach der Bedeutung für Ihre Kindergruppe:

   _____Armut _____Arbeit _____Boden _____Demokratie _____Digitalisierung _____Energie

   _____Ernährung _____fairer Handel _____Gleichstellung der Geschlechter _____Gesundheit

   _____Hunger _____Kinderarbeit _____Kinderrechte _____Klimaschutz _____Konsum _____Kleidung

   _____kulturelle Vielfalt _____Luftverschmutzung _____Wasserverschmutzung

   _____Menschenrechte _____Flucht _____Verkehr _____Müll, Plastikmüll _____Rassismus

   _____Vorurteile _____Tierwelt _____Pflanzenwelt _____Umwelt

   Begründen Sie Ihre Meinung.

   Vergleichen Sie Ihre Ergebnisse in der Ausbildungsgruppe. Wo werden unterschiedliche Standpunkte sichtbar? Was hat Sie dabei überrascht?
3. Erstellen Sie Handlungsempfehlungen und Bildungsangebote für Kinder zur Bildung für nachhaltige Entwicklung. Hier finden Sie eine Checkliste, die Sie mit eigenen Ideen ergänzen.

Checkliste: Bildungsangebote und Projekte im Garten der Vielfalt

Moderierte Bildungsangebote und Projekte	Beispiele	Meine Ideen
Beobachten und ein Forschertagebuch erstellen	Pflanzen: Blütenzeitpunkt, z. B. wann wächst was?, essbare Blüten und Giftpflanzen, Tiere im Garten: Regenwurm, Schmetterling, Biene, Vogel, Igel	
Wetterkalender	Wetter erforschen: Sonne und Schatten erleben, Bauernregeln kennen	
Aktivitäten im Frühling	Malen mit Matsch, Kartoffeln mit Kresse bepflanzen, Gänseblümchenkranz flechten, mit der Becherlupe den Wiesenboden erforschen, Kletterpflanzen und Bohnen pflanzen, Nisthilfen bauen, Frühkartoffeln legen, eine Gärtnerei besuchen	
Aktivitäten im Sommer	Schatzkarte: Wer findet den meisten Müll? Ketten aus Muscheln, Schnitzeljagd, Steinhaufen für Reptilien, einen Fühlpfad anlegen	
Aktivitäten im Herbst	Rucksackwanderung, den Waldboden erkunden, Apfelsaft pressen, mit Naturmaterial gestalten: Waldgeister, Samenmandala, Domino mit Blättern, Zapfen und Steinen	
Aktivitäten im Winter	Tierspuren suchen, Schneemonster bauen	

(vgl. Bayerischer Landesverband für Gartenbau und Landespflege e. V.: Leitfaden für die Kinder- und Jugendarbeit, S. 335 ff.)

5.4.3 Philosophieren mit Kindern auf dem Weg in die Zukunft

> „Spekulieren und Philosophieren ist ein Akt des Erkennens. Beim Philosophieren werden wir uns darüber bewusst, was wir meinen, denken und wissen […] Philosophieren mit Kindern bedeutet, gleichberechtigte Gespräche zu führen, gemeinsam neugierig zu sein, zu fragen, zu staunen, […] Dialogfähigkeit wird erlernt, ein echter Meinungs- und Erfahrungsaustausch wird ermöglicht. So betrachtet, ist das gemeinsame Philosophieren ein wesentliches Mittel, um wechselseitigen Respekt, Offenheit und Toleranz zu fördern. […] Philosophieren verfolgt das Ziel, zur Achtung vor Gedanken und Leistungen Andersdenkender zu erziehen. Es wirkt der Gefahr starrer Denkmuster und weltanschaulicher Manipulation in Grundfragen des Denkens entgegen. Philosophieren bietet die Möglichkeit, sich über Fremdheitserfahrungen bewusst zu werden, Werte zu prüfen und sich gegenseitig in seinen kulturellen Lebenswirklichkeiten zu respektieren."
>
> *(Quelle: Chilla/Niebuhr-Siebert: Sprachenbunte Kita, 2022, S. 61)*

Nachhaltigkeit mit Kindern leben und lernen für die Zukunft

Global denken, gemeinsam suchen, erfinden und experimentieren und lokal handeln machen nachhaltige Entwicklung erlebbar.

Beim Philosophieren mit Kindern öffnet sich Denken, Herz und der Wille, Visionen für eine gerechtere Welt zu entwickeln. Das Kind erlebt hier den Raum, spielerisch eigene Ideen zu entwickeln und im spielerischen Handeln Problemlösungen selbst auszuprobieren. Dabei stehen die Alltagserfahrungen, Bedürfnisse und Interessen der Kinder im Vordergrund.

Philosophieren ermutigt die Kinder,

- sich auf den Weg zu einem Perspektivenwechsel zu begeben,
- die innere Einstellung und eigene Verhaltensweisen kritisch zu hinterfragen,
- Ideen und Meinungen anderer respektvoll zu begegnen,
- Entscheidungsprozesse fair auszuhandeln,
- Gemeinsamkeiten entdecken und
- in Interaktion neue ökologische, ökonomische Grundhaltungen und Problemlösungen zu entwickeln.

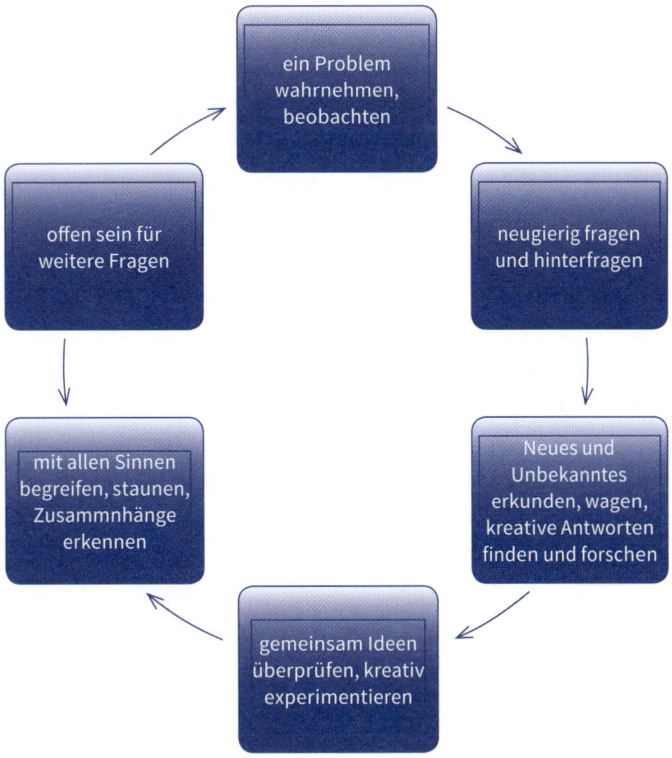

Im Dialog

Gesprächsthemen zur Bildung nachhaltiger Entwicklung:

- Vielfalt der Kulturen und Lebensformen in den Familien,
- Ernährung und Konsumverhalten,
- Gesundheit und Handlungsfähigkeit in gefährlichen Situationen,
- Nutzen, Wertschätzung der Natur und Achtsamkeit in der Natur,
- Klimakrise, Umweltprobleme, klimafreundliche Mobilität und sicheres Bewegen im Straßenverkehr, innovative Technologien
- weltweite Ungerechtigkeit in der Welt und faires Zusammenleben

Aufgaben

1. Lesen Sie den Text „Philosophieren mit Kindern".
2. Markieren Sie die wichtigsten Aussagen.
3. Erinnern Sie sich an philosophische Gespräche mit Kindern aus Ihrer Praxisgruppe. Was hat Sie dabei überrascht?
4. Entwickeln Sie aus den oben genannten Gesprächsthemen Forscherfragen und Ideen in einer philosophischen Dialogrunde mit vier Kindern: „Was denkst du, wenn ...?"
5. Lesen Sie im Schülerbuch die Handlungsempfehlungen zur Gesprächsführung (S. 99, 157, 339).
6. Planen Sie eine philosophische Dialogrunde zu einem Gesprächsthema anhand von passenden Gegenständen oder Bildern, die Sie dazu in die Mitte legen.
7. Führen Sie diese Gesprächsrunde entweder in Ihrer Ausbildungsgruppe oder im Praktikum durch. Halten Sie die Ergebnisse in einem Forschertagebuch fest.
8. Erstellen Sie dazu eine Reflexion. Was hat Sie überrascht? Welche neuen Fragen und Ideen haben sich ergeben? Welche wollen Sie erforschen? Wer kann Sie dabei unterstützen?

5.5 Konzeption und Bildungsschwerpunkte

Aufgaben

1. Erstellen Sie für ein Interview mit Ihrer Praxisanleitung Fragekärtchen zum Thema „Unsere Konzeption und Bildungsschwerpunkte zur nachhaltigen Entwicklung ". Führen Sie das Interview durch.
2. Bringen Sie Ihre Antworten mit in die Ausbildungsgruppe und ordnen Sie die Kärtchen an der Pinnwand.
3. Tauschen Sie Ihre Ergebnisse in der Ausbildungsgruppe aus.
4. Welche Schwerpunkte werden deutlich?
5. Welche Schwerpunkte finden Sie am wichtigsten? Verteilen Sie einen Punkt für die Konzeption mit Bildungsschwerpunkten, die Sie am meisten anspricht. Begründen Sie Ihre Auswahl.
6. Erstellen Sie eine Liste von Bildungsangeboten und Projekten, die Sie zu den einzelnen Bildungsschwerpunkten bereits durchgeführt haben.

Web

Liste meiner moderierten Bildungsangebote, Projekte und Lernraumgestaltung

Meine Bildungsangebote zu themenbezogenen Bildungs- und Erziehungsbereichen im Bildungs- und Erziehungsplan (BEP)
Sprache, Literacy, Informations- und Kommunikationstechnik, Medien *Datum, Thema, Anzahl und Alter der Kinder*
Werteorientierung, Religiosität, Emotionalität, soziale Beziehungen und Konflikte: *Datum, Thema, Anzahl und Alter der Kinder*
Mathematik, Naturwissenschaften, Technik und Umwelt: *Datum, Thema, Anzahl und Alter der Kinder*
Ästhetik, Kunst, Kultur und Musik: *Datum, Thema, Anzahl und Alter der Kinder*
Bewegung, Rhythmik, Tanz und Sport: *Datum, Thema, Anzahl und Alter der Kinder*
Gesundheit: *Datum, Thema, Anzahl und Alter der Kinder*

7. Welche der Bildungsangebote sind Ihnen besonders gelungen? Markieren Sie diese.
8. Was können Sie besonders gut?

Meine Stärken

____

____

____

____

6 Erzieherisches Handeln

Erzieherisches Handeln

- Themen für Lernangebote sammeln
- Basiskompetenzen und Kompetenzbereiche unterscheiden
- Lernangebote und Projekte planen und vorbereiten
- geplantes Vorgehen reflektieren

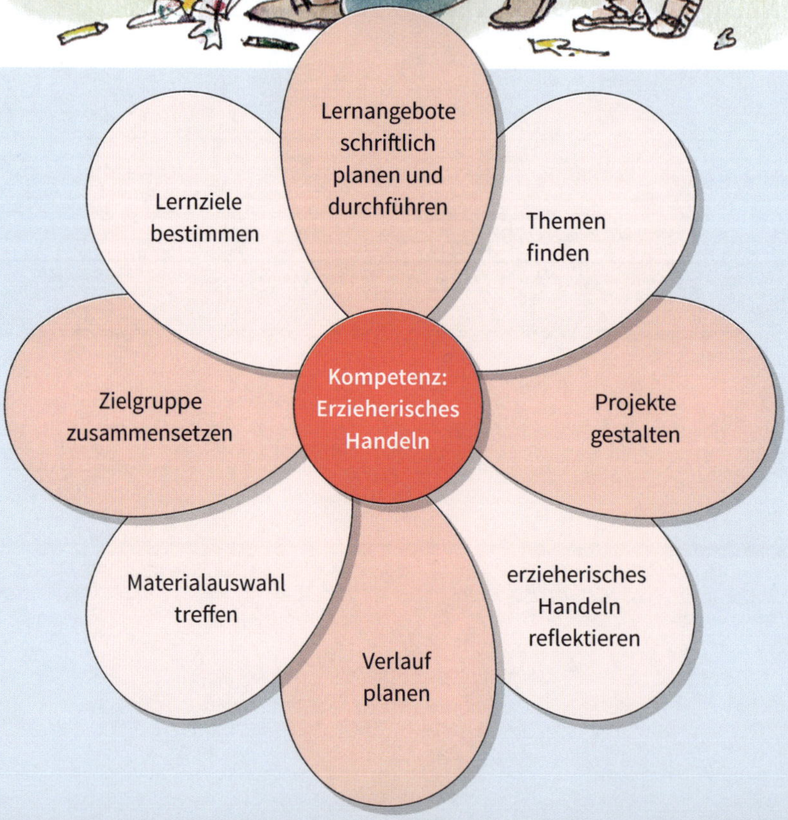

6.1 Erzieherisches Handeln planen

Wenn die abenteuerliche Reise der Erziehung angetreten wird, gibt es aufseiten der „Reiseleitung" viele Überlegungen.

- Welche Strecke ist die geeignetste?
- Was sollen die Reisenden erfahren, erleben?
- Welche Probleme könnten sich ergeben?
- Welche Reisenden können mir beim Lenken helfen?
- Welche brauchen besondere Unterstützung?
- Wann müssen wir wieder zurück sein?

6.2 Geplante und moderierte Lernangebote vorbereiten und durchführen

Zielgruppen und Lernziele definieren

Eine wesentliche Frage lautet: Wo will ich hin bzw. wozu sollen welche Kinder befähigt werden? Das ist die Frage nach den Lernzielen.

Aufgaben

1. Fragen Sie Ihre Praxisanleitung bzw. überlegen Sie, welche Lernziele in Ihrer Gruppe bzw. bei einzelnen Kindern angestrebt werden, und legen Sie eine Übersicht an.
2. Unterscheiden Sie bei der Lernzielbestimmung Fertigkeiten, Fähigkeiten, Erkenntnisse und Wissen, Einstellungen und Haltungen (weitere Informationen dazu im Fachbuch).

Web

Welche Lernziele werden bei bestimmten Kindern verfolgt?

Lernziele	Kinder
Fertigkeiten	
Fähigkeiten	
Erkenntnisse und Wissen	
Einstellungen und Haltungen	

Aufgabe

Unterscheiden Sie zwischen Basiskompetenz und Kompetenzbereichen und finden Sie praktische Beispiele dazu. (Vergleichen Sie mit den entsprechenden Inhalten im Fachbuch.)

Web

Basiskompetenz und Kompetenzbereiche unterscheiden

Basiskompetenz ↓	Kognitive Kompetenzen
Kompetenzbereich	

Basiskompetenz ↓	Physische Kompetenzen
Kompetenzbereich	

Basiskompetenz ↓	Soziale Kompetenzen
Kompetenzbereich	

Basiskompetenz ↓	Entwicklung von Werten
Kompetenzbereich	

Themen finden

Kinder sind kleine Forscher und Entdecker und interessieren sich für viele Dinge. Es sollte Ihnen gelingen, die Interessen der Kinder zu erspüren und zu wissen, welche Themen sie beschäftigen und was sie gerne tun. Dann können Sie geeignetes Material zur Verfügung stellen und damit notwendige Voraussetzungen für Lernen und Bildung schaffen.

Aufgabe

Verschaffen Sie sich ein Bild davon, wofür sich die Kinder in Ihrer Praxisstelle interessieren. Dies können Sie auf unterschiedliche Weise erreichen. Sie beobachten die Kinder in ihrem Spiel, Sie fragen sie zusätzlich und Sie befragen Ihre Praxisanleiterin dazu. Sammeln Sie Praxisideen, mit denen Sie diese Themen aufgreifen und bearbeiten können.

Web

Themensammlung

Themenbereich	Themen	Praxisidee (z. B. Bilderbuch, Erzählung, Lied, Experiment, Gesprächsthema)
Natur und Tiere		
Technik und Forschen		
Soziales Miteinander		
Kreatives		
Philosophisches		
Bewegung und Musik		

Materialauswahl treffen

Das Denk- und Vorstellungsvermögen der Kinder durch unmittelbare Sinneswahrnehmungen zu unterstützen und Zusammenhänge zu veranschaulichen, dieses Ziel wird bei jeder Materialauswahl angestrebt. Je vielfältiger der Lerngegenstand wahrgenommen werden kann, umso mehr werden Sie dem ganzheitlichen kindlichen Lernen gerecht.

Aufgaben

1. Betrachten Sie die Bilder und bestimmen Sie, welche Art von Materialien zur Veranschaulichung und Erarbeitung jeweils verwendet wurde und was damit bezweckt wurde.
2. Sammeln Sie zu aktuellen Themen Ideen, mit deren Hilfe Sie Lerngegenstände lebendig vermitteln können. Bevorzugen Sie Gegenstände bzw. Veranschaulichungen, die von den Kindern über mehrere Sinneskanäle erfassbar sind und bei denen sie tätig werden können. Legen Sie eine Ideensammlung an.

Web

Ideensammlung zur Veranschaulichung von Themen

Thema	Veranschaulichung durch Material und auch durch Handlungen	sehen	hören	riechen	schmecken	tasten	handeln
z. B. Streit	z. B. Handpuppen, die sich um etwas streiten	X	X	–	–	X	X

6.3 Ein geplantes und moderiertes Angebot schriftlich vorbereiten

Den Verlauf planen

Es erfordert Übung, den Verlauf für gezielte Aktivitäten zu planen und diese Planung schriftlich festzuhalten. Unterscheiden Sie zunächst die einzelnen Arbeitsschritte einer Aktivität. Ordnen Sie im zweiten Schritt die erforderlichen methodischen und pädagogischen Überlegungen zu.

Aufgabe

a) Wählen Sie ein Thema aus, das Sie als moderiertes Lernangebot bearbeiten möchten. Legen Sie sich genug Karten, z. B. gelbe und grüne, bereit (Größe DIN-A6).

b) Schreiben Sie auf die grünen Kärtchen alles, was Sie zu tun beabsichtigen, und zwar jeweils einen Schritt auf ein Kärtchen. Auf die gelben Kärtchen schreiben Sie jeweils, wie Sie dabei vorgehen möchten, welche pädagogischen Überlegungen Sie dabei haben. Benutzen Sie dazu die methodischen Grundsätze zum jeweiligen Angebot.

c) Legen Sie dann die grünen Kärtchen in der Reihenfolge untereinander, in der Sie vorgehen möchten, und nummerieren Sie diese durch. Die gelben Kärtchen ordnen Sie dem jeweiligen Arbeitsschritt zu.

d) Wenn Sie mit Reihenfolge und Zuordnung zufrieden sind, haben Sie Ihre Verlaufsplanung fertig und können sie in die Tabelle eintragen.

Web

Verlaufsplanung

Arbeitsschritte	Methodische und pädagogische Hinweise
1.	

Aufgabe

Bereiten Sie die geplanten und moderierten Lernangebote, die Sie in Ihrer Praxiseinrichtung durchführen, nach der folgenden Gliederung vor. Die Erläuterungen dazu finden Sie im Fachbuch.

Web

Geplantes und moderiertes Lernangebot am: ______________________________

Thema:	
1. **Didaktische Planung** 2.	
2.1 **Auseinandersetzung mit dem Lerngegenstand und Rahmenbedingungen** 2.2	
2.3 **Zusammensetzung der Gruppe** 2.4	
2.5 **Lernziele** 2.6	
3. **Methodische Planung** 4.	
4.1 **Vorbereitung** 4.2	
4.3 **Raumgestaltung – Sitzordnung – Zeit** 4.4	
4.5 **Material** 4.6	
2.4 **Verlaufsplanung**	
• **Einstieg**	
• **Handlungsimpuls**	
• **Hauptteil**	
Arbeitsschritte	Methodische und pädagogische Hinweise
• **Abschluss**	
Datum und Unterschrift der Praxisanleitung	

Die Planung überprüfen

Aufgabe

Wenn Sie Ihr Lernangebot geplant haben, überprüfen Sie mithilfe der Checkliste, ob das Wichtigste bedacht ist.

Web

Checkliste für die Planung einer pädagogischen Aktivität

Fragestellung	ja	nein
Ist das Thema an den Erfahrungen und Interessen der Kinder orientiert?		
Habe ich genug eigenes Wissen und Erfahrungen zum Thema?		
Habe ich klare Ziele gesteckt?		
Sind alle nötigen Vorbereitungen und Absprachen getroffen?		
Wurden alle Planungsbestandteile berücksichtigt?		
Bin ich den Ablauf in Gedanken durchgegangen?		
Habe ich mögliche Schwierigkeiten einkalkuliert?		
Habe ich evtl. ein Ablauf-Plakat vorbereitet, das für mich gut sichtbar an der Wand hängt?		
Haben die Kinder genügend Handlungsmöglichkeiten?		
Sind unterschiedliche Sinneseindrücke möglich?		
Wird dem anschaulichen Denken genug Rechnung getragen?		
Können die Kinder genügend aktiv sein?		
Sind die Worte für den Einstieg formuliert?		
Kann ich den Kindern den Ablauf genügend transparent machen?		
Habe ich die Worte für den Abschluss formuliert?		

Erzieherisches Handeln reflektieren

Aufgabe

Nachdem die Aktivität mit den Kindern durchgeführt wurde, reflektieren Sie die Tätigkeit. Beziehen Sie dabei genügend Aspekte ein, um sich über eigene Stärken und Schwächen bewusst zu werden und aus einmal gemachten Fehlern zu lernen.

Web

Reflexion der gezielten Aktivität
Welche Beobachtungen konnte ich bei einzelnen Kindern machen?
Welche Folgerungen habe ich aus den Beobachtungen gezogen, wie habe ich gehandelt?
Welche Ziele habe ich verfolgt/erreicht?
Wie beurteile ich mein methodisches und pädagogisches Vorgehen?
Was würde ich nach meinen jetzigen Erfahrungen beim nächsten Mal ändern?

6.4 Die gemeinsame Runde planen

Bei der Planung und Durchführung einer gemeinsamen Runde mit der gesamten Gruppe werden folgende Punkte beachtet:

Der Ablauf
Dieser wird nach dem in der Einrichtung bekannten Ritual geplant (falls vorhanden) und durchgeführt. Wenn etwas neu eingeführt wird, wird es methodisch durchdacht und schrittweise geplant.

Gruppenleitung
Die Gruppe wird als Ganzes überblickt. Dabei wird Hilfestellung zur Integration einzelner Kinder angeboten. Kinder, die sich in der großen Gruppe noch nicht so wohl oder sicher fühlen, erhalten Gelegenheit zum Zuschauen. Störungen werden in positiver Form bearbeitet.

Aktivität
Wünsche der Kinder werden einbezogen, ohne die klare und sichere Struktur aufzugeben (z. B. Regel für die Auswahl von Spielen).

Aufgabe

Gehen Sie bei der Planung einer gemeinsamen Runde mit allen Kindern nach folgender Gliederung vor.

Web

Vorbereitung der gemeinsamen Runde
1. Art der Runde und Hauptziel: *(z. B. täglicher Morgenkreis, sporadischer Stuhlkreis, Spielkreis, täglicher Abschlusskreis)*
2. Absprachen, die mit der Praxisanleitung zuvor getroffen wurden:
3. Praktische Vorbereitungen • Raumvorbereitung • Materialvorbereitung • zeitliche Organisation

Vorbereitung der gemeinsamen Runde	
4. Verlaufsplanung (= Inhalt der Teilschritte wie beim pädagogischen Angebot)	
Inhalt (Was?)	Methodisches Vorgehen (Wie?)
5. Reflexion	

6.5 Projekte gestalten

Wenn Sie als Praktikantin ein Projekt mit Kindern planen bzw. an der Planung beteiligt sind, sind im Vorfeld mit der Praxisanleiterin wesentliche Rahmenbedingungen zu klären. Erst wenn dieser Schritt gemacht ist, erfolgt die Planungs- und Durchführungsphase mit den Kindern.

Aufgabe

Gehen Sie nach dem unten abgebildeten Zeitplan vor, um die Rahmenbedingungen für Ihr Projekt gemeinsam mit Ihrer Praxisanleitung festzulegen. Verwenden Sie hierzu weiter die Planungsunterlagen.

Web

Zeitplan für die Vorbereitung des Projektes

Fragen	Wann?	Erledigt?
1. Ich kläre die Ziele und den möglichen Zeitrahmen für das Projekt mit Frau/Herrn ______ ab.	*(ca. 4 Wochen zuvor)* ______ *Datum*	
2. Ich bereite mich auf das Projektthema vor, indem ich mich über die Planung in der Praxiseinrichtung in diesem Zeitraum informiere.	*(ca. 4 Wochen zuvor)* ______ *Datum*	
3. Ich sammle Ideen für das Projektthema (Sammelordner, Bücherei, Kiga-Bibliothek, Internet, Schule, Mitschülerinnen ...).	*ab sofort* ______ *Datum*	
4. Ich lege meine Liste der Ideen in der Praxisstelle vor und sortiere sie gemeinsam mit Frau/Herrn ______ aus.	*(ca. 2 Wochen zuvor)* ______ *Datum*	
5. Ich strukturiere die Ideen nach Tätigkeitsformen und besorge Anschauungsmaterial und Arbeitsmaterial bzw. stelle es her.	*(ca. 2 Wochen zuvor)* ______ *Datum*	
6. Ich entwerfe mit Frau/Herrn ______ gemeinsam eine grobe Zeitplanung auf dem vorgegebenem Planungsblatt.	*(unmittelbar vor Beginn des Blockpraktikums)* ______ *Datum*	

Web

Ideensammlung für die Projektwoche	
Thema:	
Gespräche, Geschichten, Bilderbücher	
Lieder, Spiellieder, Rollenspiele	
Werkarbeiten, künstlerische Aktivitäten	

Web

Ideensammlung für die Projektwoche	
Bewegung, Tanz, Spiel	
Hauswirtschaftliche Tätigkeiten	
Forschen, Experimentieren	
Sonstiges	

Web

Überblick über den möglichen Projektverlauf

Tag/Zeit	Aktion	Teilnehmer	Ort
Montag			
Dienstag			
Mittwoch			
Donnerstag			
Freitag			

Die Grobplanung und die notwendigen Absprachen in der Praxisstelle sind die Basis für die Durchführung mit den Kindern. Abweichungen von der Grobplanung können möglich sein, wenn die Kinder neue Aspekte einbringen.

Aufgabe

Gehen Sie anhand der Planungshilfen systematisch die Projektplanung mit der Kindergruppe durch. Protokollieren Sie die Ergebnisse nach der unten abgebildeten Gliederung. Dieser Schritt kann gleichzeitig mit den Team-Absprachen in der Praxisstelle erfolgen oder sich daran anschließen.

Web

Planungshilfen für die einzelnen Phasen des Projektes

1. **Planungsphase**
   - **Die Kinder an das Thema heranführen**, damit sie wissen, worum es bei dem Projekt geht, z. B. durch eine passende Geschichte, ein Bilderbuch oder ein Spiel.
   - **Bezugspunkte** zu den Kindern für das Projekt finden, indem Beispiele aus dem Leben der Kinder zum Thema gefunden werden, z. B. in einer Gesprächsrunde (dabei auch eigene Beispiele bereithalten).
   - Mit den Kindern **Ideen für das Projekt sammeln** und dafür sorgen, dass die Kinder eigene Erlebnisse und Situationen der gesamten Gruppe erzählen. Alles, was die Kinder erzählen, wird auf einem Poster als Grundlage für das Projekt dokumentiert.
   - Die Inhalte des Projektes sichtbar machen, d. h. sortieren und in einzelne Schritte gliedern. Diese einzelnen Schritte werden von den Kindern aufgemalt und anschließend von Ihnen Ihnen beschriftet, sodass die Themen des Projektes für alle lesbar und verständlich sind.
2. **Projektdurchführung**
   - Zusammen mit den Kindern festlegen, **mit welchem Projektschritt begonnen wird**, indem die Kinder Punkte auf das Thema kleben, mit dem sie beginnen möchten. Dazu bringen Sie passende Fingerspiele, Lieder, Spiele, Rätsel, Gedichte und kreative Angebote ein.
3. **Auswertungsphase**
   Es werden die gesammelten Erfahrungen reflektiert, die während des Projekts entstandenen Fotos zum Thema und das Gruppentagebuch werden angeschaut und die Projektergebnisse bewundert.

Web

Dokumentation des Projektes	
Titel des Projektes	
Einrichtung	
Teilnehmer/-innen des Projektes *(Welche Kinder nahmen teil?)*	
Leitung des Projektes	
Beginn – Ende	
Projektziele	
Projektverlauf	
Auswertung mit den Kindern	

Web

Reflexion des Projektes

Auswertung	++	+	–	– –
Ich habe das Projektthema am derzeitigen Interesse der Kinder orientiert.				
Ich habe die Kinder gefragt, was sie lernen und wissen möchten.				
Ich habe mich selbst über das Thema kundig gemacht.				
Ich bin auf die kindlichen Interessen eingegangen und habe das Wissen vertieft.				
Ich habe die Kinder ermutigt, Ideen zu entwickeln, wie Wissen erworben werden kann.				
Ich habe das Wissen mit den Kindern praktisch ausprobiert und angewendet.				
Ich habe das Projekt weitgehend wie geplant durchgeführt.				
Ich habe nach Abschluss des Projektes überprüft, ob die Kinder das erworbene Wissen im Alltag anwenden können.				
Ich habe Fähigkeiten zur Teamarbeit erworben.				
So schätze ich den Gesamterfolg ein:				
Was mir noch wichtig ist:				

7 Medien in der pädagogischen Arbeit

Medien in der pädagogischen Arbeit

- Erfahrungen und Bedeutung
- Druckmedien
- audiovisuelle Medien
- neue digitale Medien

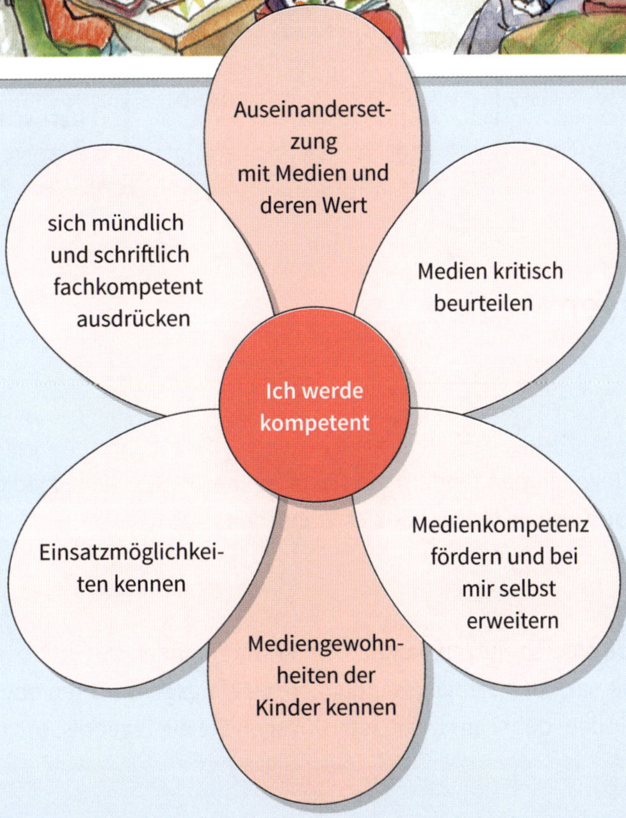

7.1 Meine Erfahrungen mit verschiedenen Medien

Aufgabe

Fertigen Sie eine Übersicht mit allen Medien und Mediensystemen an, die Ihnen zur Verfügung stehen. Machen Sie über eine Woche hinweg einen Strich hinter das jeweils genutzte Medium. Vergleichen Sie Ihre Aufzeichnungen in der Lerngruppe.

Wie ich unterschiedliche Medien nutze

Gedrucktes Wort und Bild		Audiovisuelle Medien (sichtbar und/oder hörbar)		Neue Medien (Inhalte über das Internet zugänglich)	
Art	**Wie oft?**	**Art**	**Wie oft?**	**Art**	**Wie oft?**
Erzählungen		Film und Fernsehen		Bilder	
Romane		Video und DVD		Filme	
Zeitschriften		CD und Schallplatte		Spiele	
		Radio und Podcasts		Videos	
		Computerspiele		PC oder Tablet	
				Smartphone	
				Soziale Netzwerke	

7.2 Kinder nutzen Medien

Aufgabe

Führen Sie in Ihrer Praxisstelle mit den Kindern ein Gespräch darüber, welche Medien sie kennen, zu welchen Medien sie Zugang haben und welche Medien sie sich wünschen.

Wie die Kinder Ihrer Gruppe Medien nutzen, können Sie erfahren, indem Sie mit den Kindern darüber ins Gespräch kommen. Fragen Sie nach den Lieblingssendungen, Lieblingsgeschichten oder Märchen und Hörspielen oder Filmen. Was ist den Kindern dabei am wichtigsten? Tragen Sie die Ergebnisse in der Übersicht ein.

Web

Die Mediennutzung der Kinder meiner Gruppe

Kind	Medium	Aussagen dazu

Aufgaben

1. Vergleichen Sie Ihre eigene Mediennutzung mit denen der Kinder Ihrer Praxisstelle und stellen Sie Unterschiede oder Übereinstimmungen fest. Tauschen Sie diese Erfahrungen in der Gruppe aus.
2. Halten Sie die Ergebnisse auf einem gemeinsam erstellten Plakat fest.

7.3 Druckmedien

Der Deutsche Jugendliteraturpreis wird als einziger Staatspreis für Literatur in Deutschland seit 1956 jährlich vom Bundesministerium für Familie, Senioren, Frauen und Jugend gestiftet und verliehen. Der Preis, der vom Arbeitskreis für Jugendliteratur e. V. organisiert wird, zeichnet deutschsprachige Originalausgaben und Übersetzungen aus dem vorangegangenen Produktionsjahr aus. Eine Jury prämiert Titel in den Sparten Bilderbuch, Kinderbuch, Jugendbuch und Sachbuch. Zudem vergibt eine autonome Jugendjury den „Preis der Jugendjury". Die Ergebnisse sind im Internet nachzulesen unter www.djlp.jugendliteratur.org.

Deutscher Jugendliteraturpreis: Die bronzene Preisstatue „Momo", gestaltet von Detlef Kraft

Aufgaben

1. Finden Sie heraus, ob es in Ihrer Praxiseinrichtung Bücher gibt, die für den Jugendliteraturpreis nominiert worden sind, oder Bücher, die den Jugendliteraturpreis erhalten haben.
2. Suchen Sie alternativ in der Bücherei nach Titeln von Kinder- und Jugendbüchern, auf die eines dieser Kriterien zutrifft.

Bücher mit Jungendliteraturpreis in meiner Praxiseinrichtung

Bücher mit Jugendliteraturpreis – Titel	Jahr, Autor/-in, Verlag
1.	
2.	
3.	
4.	
5.	

Aufgabe

Beurteilen Sie eines der Lieblingsbilderbücher Ihrer Praxisgruppe und stellen Sie es nach den bekannten methodischen Grundsätzen aus dem Lehrbuch vor.

Web

Checkliste zur Auswahl und Beurteilung von Bilderbüchern

Titel, Autor/-in:		
Kriterien der Beurteilung	**Ja**	**Nein**
Inhalt		
• spannend		
• unterhaltsam		
• humorvoll		
• erzeugt Freude und Optimismus		
• verfolgt einen Spannungsbogen mit deutlichem Höhepunkt		
• spricht Gefühle an		
• regt die Fantasie an		
Illustration		
• künstlerisch hochwertige, schöne Bilder		
• verständliche Darstellung		
• ohne Überschneidungen und perspektivische Verschiebungen		
• Farbgestaltung harmonisch, der Stimmung des Inhaltes entsprechend		
• Illustration und Text stimmen überein		

Titel, Autor/-in:		
Kriterien der Beurteilung	**Ja**	**Nein**
Text gute Sprache mit dem Einsatz sprachkünstlerischer Mittel, wie		
• wörtliche Rede		
• Wiederholungen		
• Verwendung von Eigenschaftswörtern		
• zusammengesetzte Wörter		
Aufmachung		
• gebunden		
• feste Buchdeckel		
• gutes, festes Papier		
• hochwertige Druckqualität		
Alter und Erfahrung		
• Welche Altersstufe wird angesprochen?		
• Welche Erfahrungen brauchen Kinder, um den Inhalt zu verstehen?		

Aufgaben

1. Suchen Sie in Ihrer Praxiseinrichtung, evtl. auch in der örtlichen Stadtbücherei, ca. fünf Bilderbücher heraus, die den oben genannten Beurteilungskriterien entsprechen.
2. Stellen Sie dann gemeinsam in Ihrer Lerngruppe ein Verzeichnis für empfehlenswerte Bücher zusammen. Unterteilen Sie dabei nach den drei Kategorien:
   a) Erstbilderbuch
   b) Szenenbilderbuch und Wimmelbuch
   c) Bilderbuchgeschichte

7.4 Audiovisuelle Medien

Audiovisuelle Medien sind Medien, die angehört oder angesehen werden können, also Hörmedien mit Kinderliedern oder Hörbücher bzw. Filme. In sozialpädagogischen Einrichtungen für Vorschul- und junge Schulkinder stehen Hörmedien im Vordergrund. Das Sehen von Filmen und die Handy-/Smartphone-Nutzung sind hier von untergeordneter Bedeutung. Darum wird hier auf die Hörmedien eingegangen. Informationen über die Handy-/Smartphone- und Internetnutzung finden sich im Lehrbuch. Die pädagogische Fachkraft sollte die Qualität von Hörmedien beurteilen können.

Web

Qualitätsbeurteilung von Kinder-Hörmedien

	++	+	-	--
Inhalt • Wird ein kindgerechtes Thema angesprochen? • Kann sich das Kind mit der Hauptfigur identifizieren? • Werden Verhaltensmuster und Klischees verwendet? • Wird Spannung erzeugt? Wird die Fantasie angeregt? • Werden Denkanstöße für mögliches Verhalten geliefert? • Ist der Handlungsverlauf der Geschichte nachvollziehbar?				
Inszenierung • Findet eine literarische Vorlage Verwendung und wie wird sie umgesetzt? • Ist die Erzählweise so, dass Kinder sie verstehen können (keine Vor- und Rückblenden)? • Werden Spannungsmomente gelöst? • Werden angemessene Spannungselemente eingesetzt?				
Sprache • Passen die Stimmen zu den Charakteren der Figuren? • Werden gut unterscheidbare Stimmen eingesetzt? • Entstehen durch sprachliche Elemente Bilder des Handlungsortes? • Werden Kinder durch kindliche Ausdrucksweise charakterisiert oder sind es „kleine Erwachsene"?				
Geräusche und Musik • Sind Geräusche natürlich eingesetzt (und nicht effektheischend)? • Werden sie klar eingesetzt, sodass sie keine sprachliche Ankündigung brauchen? • Entsteht durch die Verwendung von Geräuschen eine anschauliche Kulisse für die Handlung? • Fördert die Verwendung von Geräuschen die Entstehung von assoziativen Bildern im Kopf? • Wird die Musik als Ergänzung zum Charakter der Produktion eingesetzt? • Wird Musik eingesetzt, um Spannung, Entspannung, Fantasie zu fördern?				
Cover • Erhält man hier schon ausreichende Informationen über – Namen von Autoren/Autorinnen, – Produzenten/Produzentinnen, – Sprechern/Sprecherinnen, – Komponisten/Komponistinnen, – Spieldauer, – Produktionsort und -jahr, – Zusammenfassung des Inhaltes und – Altersangabe? • Was sagt die Art der Illustration aus?				

7.5 Kindersoftware und PC-Spiele

Bei dem unübersichtlich großen Angebot von Kindersoftware und Computerspielen ist es notwendig, sich mithilfe von fachkundiger Seite einen Überblick zu verschaffen. Eine seriöse Quelle ist beispielsweise das Internet-ABC auf der Internetseite der Landesanstalt für Medien NRW, Düsseldorf unter: www.internet-abc.de/kinder/spiel-spass/spieletipps [05.04.2023]. Weitere Adressen finden Sie im Lehrbuch und in Fachzeitschriften. Wer, wie Sie, beruflich mit Kindern und Jugendlichen arbeitet, kommt nicht umhin, sich über digitale Angebote für diese Zielgruppe ständig auf dem Laufenden zu halten, um damit auf dem aktuellen Stand zu bleiben.

Aufgaben

1. Finden Sie heraus, welches Computerspiel den Kindern aus Ihrer Gruppe am besten gefällt.
2. Beurteilen Sie dieses anhand der Kriterien der nachfolgenden Tabelle.
3. Beurteilen Sie evtl. zusätzlich ein Spiel, das Ihnen gut gefällt und vergleichen Sie beides.
4. Tipp: geben Sie in der Klasse bekannt, welche Spiele und andere Software besonders gut ankommt und führen Sie eine Empfehlungsliste im Klassenzimmer, das regelmäßig ergänzt werden kann.

Web

Beurteilungskriterien für Kindersoftware und PC-Spiele

Kriterien	**Bewertung**				
	sehr gut	**gut**	**mittel**	**mäßig**	**schlecht**
1. Problemlose Installation					
In der Anwendung einfach zu handhaben					
Bedienung leicht verständlich					
Einwandfreie Grafik					
Einwandfreier Ton					
2. Unterhaltungswert					
Das Spiel/Programm vermittelt Spaß.					
Das Spiel/Programm ist fantasievoll und abwechslungsreich.					
Das Spiel/Programm fordert Planung und strategisches Denken.					
Das Spiel/Programm bietet Möglichkeiten zur Kommunikation.					
Das Spieltempo ist an die Auffassungsmöglichkeiten des Kindes angepasst.					

Web

Kriterien	Bewertung				
	sehr gut	gut	mittel	mäßig	schlecht
3. Umsetzung des Inhalts					
Bezug zur Erlebniswelt des Kindes					
Das Spiel/Programm vermittelt Werte ohne Aggressivität, Vorurteile, Menschenverachtung, pornografische Darstellungen.					
Das Spiel/Programm fördert logisches Denken.					
Das Spiel/Programm löst Emotionen aus (Lachen, Schimpfen mit dem Computer).					
Das Spiel/Programm fördert Sozialverhalten wie Rücksicht, Hilfsbereitschaft, Zusammenarbeit.					

Die Einrichtung stellt den Kindern eine wertvolle und sehr gute Auswahl an Kindersoftware zur Verfügung. Dazu können Programme gehören, bei denen das Spiel im Vordergrund steht, Lernprogramme mit unterschiedlichen Inhalten sowie auch interaktive Bilderbücher und Spielgeschichten. Den Kindern wird zudem vermittelt, wie sie damit umzugehen haben. Dazu ist das Erarbeiten von Verhaltensregeln unverzichtbar.

Aufgaben

1. Betrachten Sie das Bild. Um die Regeln mit den Kindern zu erarbeiten, planen Sie ein Projekt über mehrere Einheiten. Nachdem die Regel besprochen wurden, sollten mit der jeweiligen Teilgruppe Zeichnungen/Bilder gefertigt werden, die diese Regel veranschaulichen. Am Ende des Projekts wird aus den entstandenen Bildern ein Buch gefertigt, das dann der Gruppe vorgestellt wird.
2. Eine weitere Möglichkeit der Veranschaulichung besteht darin, dass Sie im Kunstunterricht Piktogramme zur jeweiligen Regel entwickeln und daraus ein Plakat erstellen.

7.6 Digitale und soziale Medien

Kinder erleben in ihrem sozialen Umfeld, dass Erwachsene mehr oder weniger häufig das Internet benutzen, um sich zu informieren, zu unterhalten oder zu kommunizieren. Das Verhalten der Erwachsenen hat, wie wir wissen, einen starken vorbildhaften Einfluss auf Kinder. Bei der Beobachtung des kindlichen Spielverhaltens können wir das deutlich sehen. Schon kleine Kinder wischen z. B. über Bauklötzchen wie über ein Smartphone, größere Kinder konstruieren sich gerne Laptops oder PCs aus Konstruktionsmaterial, beispielsweise aus Pappe o. Ä.

Für das Erziehungspersonal gilt es daher als selbstverständlich, Handys usw. in der Gruppe nicht privat zu nutzen. Inwiefern digitale Medien in der pädagogischen Arbeit eingesetzt werden, hängt stark von der Ausstattung der Einrichtung und vom Alter der Kinder ab.

Alle bisher genannten Medien können sowohl analog als auch digital verwendet werden. Kinder im Vorschulalter können jedoch noch nicht selbstständig, also ohne pädagogische Begleitung, digitale Programme nutzen. Daher sind im Vorschulbereich analoge Medien, wie Druck- und Hörmedien und PC-Programme in analoger Form dem Internet vorzuziehen.

Wenn das Internet eingesetzt wird, dann nahezu immer in Form eines geplanten und moderierten Lernangebotes in der Kleingruppe.

Aufgaben

1. Tauschen Sie sich in Ihrer Lerngruppe darüber aus, ob und welche Beobachtungen Sie bisher damit gemacht haben, falls Ihre Praxisanleitung bereits digitale Medien in der Kindergruppe eingesetzt hat.
2. Befragen Sie Ihre Praxisanleitung auch, welche Bedeutung sie dem Einsatz von digitalen Medien in der Kita zumisst.
3. Legen Sie eine Ideenliste an, in der Sie die Einsatzmöglichkeiten digitaler Medien in der Kita sammeln.

Thema, Medium	**Beobachtungen**
1.	

„Kinder, die heute im Kindergarten sind, werden ihre Ausbildung etwa nach 2040 beenden und in eine völlig veränderte Welt eintreten […] Mit Hilfe von neuen Technologien können Kinder den Zugang zu Informationen, zu Phänomenen und zu Lernangeboten erhalten, die über die Sinnesorgane sonst nicht zugänglich gewesen wären […] Kreativität muss einen zentralen Stellenwert im Bildungssystem einnehmen. Studien zeigen, dass dies mit Hilfe von neuen Technologien, bereits im vorschulischen Alter, mit Gewinn erfolgen kann. Kommunikationskompetenz, kritisches Denken oder kooperatives Lernen können mit neuen Technologien unterstützt werden. Wenn Technologien angemessen und verantwortungsvoll eingesetzt werden, können sie zur Bereicherung des Bildungsprozesses führen.“

(Quelle: Fthenakis: Die Digitalisierung zum Anlass nehmen, um das Bildungssystem grundlegend zu verändern – darin liegt die Chance!, 2023.)

Soziale Medien wie Facebook, Twitter usw. und Chat- und Messenger-Dienste finden in Vorschuleinrichtungen jedoch keine Anwendung. Da Kinder etwa erst ab 10 bis 12 Jahren über ein eigenes Smartphone verfügen sollten, ist dieses Medium in den entsprechenden sozialpädagogischen Einrichtungen nicht relevant.

Allerdings sollten Sie die Risiken im Umgang mit sozialen Medien kennen und Ihre eigene Medienkompetenz bewusst weiterentwickeln. Dazu finden Sie entsprechende Informationen im Lehrbuch.

7.7 Medienkompetenz

Nicht nur unser eigener verantwortungsvoller und angemessener Umgang mit modernen Kommunikationstechnologien ist wichtig, sondern auch die Kinder zu ebendiesem Umgang zu befähigen. Diese Fähigkeit wird mit dem Begriff „Medienkompetenz" beschrieben.

Medienkompetenz kann in drei Bereiche unterteilt werden:

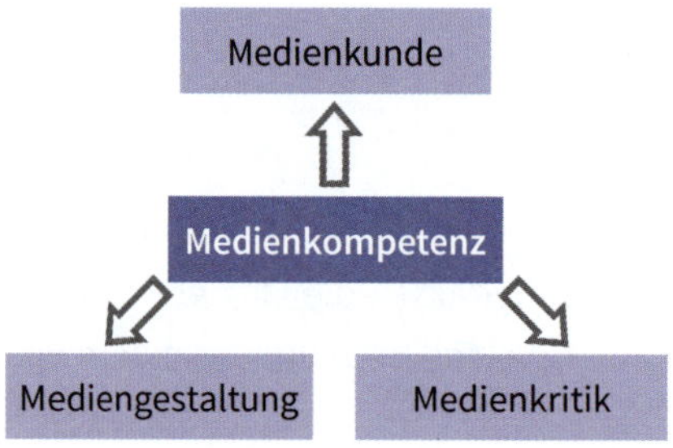

Bereiche der Medienkompetenz

Förderideen zur Medienkompetenz

Bereich	Kompetenz	Praxisidee
Medienkunde	Mediensysteme kennen	
	Medientechnik verstehen	
	Umgang mit Technologie beherrschen	
Mediengestaltung	Mit Medien gestalten	
	Medien als Kommunikationsmittel nutzen	
	Medien selbst produzieren	
Medienkritik	Medienbotschaften durchschauen und kritisch reflektieren	
	Hochwertige Medienangebote kennen, Qualitätsbewusstsein entwickeln	

Aufgabe

Legen Sie eine Ideensammlung an, wie Sie die Medienkompetenz der Kinder Ihrer Einrichtung positiv beeinflussen können und decken Sie dabei die drei wesentlichen Bereiche Medienkunde, -gestaltung und -kritik ab.

Meine Medienkompetenz

Aufgaben

1. Spielen Sie folgende Situation: Eine Mitschülerin übernimmt die Moderatoren-Rolle. In der Runde sitzen Eltern und Großeltern, die verschiedene Ansichten zum Mediengebrauch in der Einrichtung haben. Geben Sie zu jeder Meinung eine fundierte Stellungnahme ab, die Sie jeweils fachlich begründen. Die Moderatoren-Rolle kann jedes Mal gewechselt werden.

„Medien unterhalten."

„Medien informieren."

„Kinder bewegen sich zu wenig und haben zu wenig unmittelbare Sinneserfahrungen."

„Es besteht die Gefahr einer gestörten Sprachentwicklung."

„Medien fördern die Flucht aus dem Alltag."

„Es besteht die Gefahr der Gewaltvermittlung."

„Medien dienen als Ersatz für fehlende Spielpartner."

„Es besteht die Gefahr der Abhängigkeit von Medien."

„Die Zeit in der Kita ist zu wertvoll, um sie mit digitalen Medien zu verbringen."

„Der Computer in der Kita gehört zum modernen Bildungsverständnis."

„Ein PC in der Kita fördert soziale Kontakte."

„Kinder sitzen zu Hause schon genug vor dem Fernseher und PC, da brauchen wir keinen in der Kita."

„Die Kita sollte statt Medienangeboten lieber Kreativangebote machen."

2. Werten Sie die Gespräche gemeinsam aus und reflektieren Sie, wie kompetent die Moderatorinnen argumentiert haben.

8 Begleitung von Übergängen – Transitionen

Übergänge

- sind zeitlich begrenzt
- sind Lern- und Übungschancen
- erfordern Loslassen
- brauchen Rituale
- fördern Selbstregulation

Der Übergang in eine zukünftige Gesellschaft durch Bildung für Nachhaltige Entwicklung (Transformation)

> „Bildung für Nachhaltige Entwicklung (BNE) basiert auf der Erkenntnis, dass unsere derzeitige Art, zu leben und zu wirtschaften, nicht fortgesetzt werden kann, ohne dass ökologische Risiken sowie ökonomisch und soziale Ungerechtigkeiten weltweit zunehmen."
> *(Quelle: Brodowski: BNE in der Kita, 2022, S. 9)*

> Der Übergang in eine künftige Gesellschaft, definiert durch die 17 Leitziele, erfordert „einen Perspektivenwechsel vom Lernen aus der Vergangenheit hin um Lernen aus zukünftigen nachhaltigen Verhältnissen. Diese Verhältnisse gelten somit als Ausgangspunkt jeglichen Lernens für Verhaltensänderungen. […]
> Wie kann es uns gelingen, aus unserer Zukunft zu lernen?"
> *(Quelle: Brodowski: BNE in der Kita, 2022, S. 106 f.)*

Der Perspektivenwechsel erfordert ein Umdenken in ökologischer, wirtschaftlicher und sozialer und kultureller Hinsicht. Nachhaltig zu leben, heißt:

> „So zu leben, dass auch andere Menschen hier und anderswo, heute und in Zukunft gut leben können."
> *(Quelle: Kestler: Zukunftsfähiges Denken und Handeln in der Kita entdecken, 2019, S. 196–199.)*

Dieser Übergang bedeutet, diese Handlungsunsicherheit auszuhalten. Er erfordert Einsicht, Verhaltensänderung und Abschied von alten Lebensgewohnheiten. Vor allem die Bildungsorte für Kinder können einen wesentlichen Beitrag dazu leisten. Der Gedanke der Bildung für nachhaltige Entwicklung ist bei allen Aufgaben, moderierten Bildungsangeboten und Projekten der rote Faden. Es ist die dringliche Aufgabe der pädagogischen Fachkräfte, mit den ihnen anvertrauten Kindern in Zusammenarbeit mit den Eltern und allen am Erziehungsprozess beteiligten Personen diesen Übergang in eine zukünftige Gesellschaft zu gestalten.

8.1 Biografiearbeit

Aufgaben

1. a) Sie haben bereits viele Erkenntnisse zur Bildung für Nachhaltige Entwicklung (BNE) erworben. Nun gilt es, Ihre Empfindungen hierzu zu reflektieren: Was bedeutet dieser Übergang in eine zukunftsfähige Welt für Sie? Wie geht es Ihnen dabei? Notieren Sie zielführende Gedanken zu Umwelt- und Klimaschutz.
   b) Schneiden Sie zuvor aufgezeichnete Fußspuren aus und beschriften Sie diese mit Ihren Gedanken zum Thema „BNE". Tauschen Sie sich in der Ausbildungsgruppe aus. Gestalten Sie mit Ihren Fußspuren einen Übergang in eine friedlichere Welt.
2. Erinnern Sie sich an Übergänge in Ihrem Leben: an kleine und große, täglich wiederkehrende, jahreszeitlich bedingte oder einmalige Herausforderungen und Hürden, z. B. Rad fahren, Schulwechsel, Veränderungen in der Familie, Führerschein, an Ihre Erwartungen und Befürchtungen zu Beginn Ihres Praktikums …
3. Welche Gefühle verbinden Sie mit diesen Erinnerungen? Was ruft besonders starke Gefühle hervor?

Ich erinnere mich an folgende Herausforderungen und meine Gefühle dabei:

____

____

____

____

4. Erinnern Sie sich an Bildungsorte, die Sie als Kind besucht haben. Was hat sich Ihrer Meinung nach bis heute verändert? Halten Sie Ihre Überlegungen in Ihrem Portfolio fest.

Ein Foto aus meiner Kindergartenzeit

Meine Erfahrungen in Kindertagesstätten

Erinnerungen und Erfahrungen aus meiner Kindheit

____

____

____

____

____

Meine Erfahrungen in den Kitas heute – Das hat sich verändert:

____

____

____

____

____

8.2 Übergänge sind Herausforderungen

Übergänge rufen kindliche Turbulenzen hervor. Kindliche Selbstregulation bedeutet, starke Gefühle zu steuern und das Verhalten in gesellschaftlich akzeptierte Bahnen zu lenken.

Die Psychologin Tovah P. Klein beschreibt das Kleinkindalter als „Labor für die Zukunft" (Klein: Der Kleinkind-Code, 2016, S. 293). Die kindlichen Turbulenzen bei Übergängen und den damit verbundenen Veränderungen weisen immer auf einen Entwicklungssprung hin: Das Gehirn verändert seine Struktur. Das Erleben von Übergängen zu Neuem, zu Unbekanntem, zum Loslassen von vertrauten Aktivitäten und den damit verbundenen Gefühlen von Freude und Leid ist für jedes Kind und für jede Familie unterschiedlich. Gelingt ein Übergang innerlich und äußerlich, gewinnt das Kind Selbstvertrauen, innere Kraft und macht Fortschritte. Pädagogische Fachkräfte gleichen dabei die fehlenden Lebenserfahrungen des Kindes aus und stärken seine Selbstregulation. Sie verstehen den kindlichen Zustand und entwickeln Rituale.

„Das Kind braucht eine Landkarte mit Strukturen und Grenzen und den Freiraum, den eigenen Weg zu finden, während wir an der Seitenlinie bleiben, um Zuwendung und Fürsorge anzubieten."
(Quelle: Klein: Der Kleinkind-Code, 2016, S. 296)

Das kindliche Befinden verstehen: Übergänge sind Ablöseprozesse

Aufgaben

1. Beschreiben Sie die kindlichen Gefühle bei folgenden Übergängen und Veränderungen.
2. Tauschen Sie Ihre Ergebnisse in der Ausbildungsgruppe aus.
3. Entwickeln Sie Ideen und Handlungsempfehlungen, wie Sie die Kinder unterstützen können.

Gefühle des Kleinkindes (Frustration, Wut, Verwirrung, Besorgnis, Angst?)

Beim Aufwachen (Übergang vom Schlaf- zum Wachzustand)

____

Beim An- und Ausziehen (Vom Schlafanzug zur Tageskleidung)

____

Ein Spiel beenden, weil das Essen fertig ist

____

Die häusliche, vertraute Umgebung verlassen, in die Kita gehen

____

Flasche und Schnuller aufgeben

____

Von der Windel zur Unterwäsche

____

Abschied von Mama und Papa, die zur Arbeit müssen

____

(vgl. Klein, 2016, S. 213 f.)

Meine Ideen und Handlungsempfehlungen für Zuwendung und Fürsorge

Die Bringzeit in der Kindertagesstätte

Widerstreitende Bedürfnisse haben gegensätzliche Verhaltensweisen und Gefühle zur Folge. Das Kind ist einerseits neugierig auf die Kita, andererseits möchte es zu Hause in seiner Komfortzone bleiben. Seine Gefühle und sein Verhalten pendeln zwischen Nähe und Distanz.

Aufgabe

Greifen Sie auf Ihre Beobachtungen in Kapitel 2 (Beobachtung eines Kindes während der Bringzeit) zurück und beschreiben Sie, wie sich dieses Kind Ihrer Meinung nach fühlt.

Gefühle des Kindes beim Kommen Vorname: ____________________

Aus eigener Kraft zur Ruhe kommen: Wenn aus Aufregung Erregung wird

Handlungsempfehlungen für pädagogische Fachkräfte zur Unterstützung der kindlichen Selbstregulation

1. Holen Sie das Kind da ab, wo es gerade steht.
2. Bewahren Sie sich Ihren Sinn für Humor. Lachen Sie miteinander.
3. Führen Sie Rituale ein, damit das Kind lernt, mit Veränderungen umzugehen.
4. Bieten Sie dem Kind sicheren Halt.
5. Halten Sie sich aus Kinderstreit heraus.
6. Verabschieden Sie sich vom Perfektionsstreben.
7. Führen Sie an der langen statt an der kurzen Leine.
8. Legen Sie klare Grenzen und Regeln fest.
9. Lassen Sie das Kind spielen.
11. Lassen Sie Langeweile zu.
12. Führen Sie nur so viele Regeln ein wie unbedingt nötig.
13. Gestatten Sie dem Kind, eigennützig zu sein, damit es uneigennützig werden kann.
14. Akzeptieren Sie das Kind so, wie es ist.
15. Helfen Sie dem Kind beim Umgang mit negativen Erfahrungen.

(vgl. Klein, 2016, S. 272 ff.)

Aufgaben

1. Markieren Sie bei der oben stehenden Aufzählung diejenigen Handlungsempfehlungen, die Ihnen im Praktikum im Umgang mit kindlichen Turbulenzen weiterhelfen könnten.
2. Denken Sie über Kinder Ihrer Praxisgruppe nach, die Probleme in Übergangssituationen zeigen, und entwickeln Sie Ideen zur individuellen Begleitung und Unterstützung für sie.

Kinder, die Probleme bei Übergängen zeigen, und meine Ideen zur individuellen Begleitung und Unterstützung

Vorname und Alter des Kindes:

____

____

____

____

____

____

8.3 Rituale in meiner Praxiseinrichtung

Jedes Kind bewältigt Übergänge in seinem Tempo. Rituale, besonders Übergangsrituale wie beim Begrüßen, Verabschieden, Wickeln, Einschlafen oder Aufräumen sind eine große Hilfe für die Eingewöhnung des Kindes. Sie haben sicherlich schon Übergangsrituale in Ihrer Praxisstelle beobachtet.

Aufgaben

1. Notieren Sie alle beobachteten Rituale bzw. befragen Sie Ihre Praxisanleitung nach Übergangsritualen in Ihrer Praxisstelle. Erstellen Sie ein Ergebnisprotokoll für Ihr Portfolio.
2. Tauschen Sie sich in der Ausbildungsgruppe darüber aus.
3. Ergänzen Sie Ihre Aufzeichnungen mit weiteren Handlungsempfehlungen.

Übergangsrituale

Web

Übergangsrituale

Protokoll/Interview
Thema:
Beteiligte Personen:
Datum/Uhrzeit/Ort:
Diese Rituale werden in der Einrichtung praktiziert:

Verlässliche Strukturen im Tageslauf geben dem Kind Orientierung

Das Kind entwickelt eine „innere Uhr“, die Sicherheit gibt.
Die pädagogische Fachkraft setzt örtliche und zeitliche Strukturen fest: Wo bekommt das Kind von wem etwas zu essen? Wo schläft es mittags? Wer ist da, wenn es aufwacht?
Von wem wird es gewickelt? Wann sind Bring- und Abholzeiten?

Aufgabe

Welche verlässlichen Strukturen im Tageslauf Ihrer Praxisgruppe gibt es? Beobachten Sie, welche Auswirkungen diese auf das Wohlbefinden der Kinder haben.

Verlässliche Strukturen in meiner Gruppe

Altersangemessene Sonderrechte und Sonderregeln bauen Brücken

Für neue Kinder gibt es Sonderrechte oder Sonderregelungen in der Einrichtung, die ihnen den Übergang erleichtern, z. B. das Mitbringen von Alltagsgegenständen in die Einrichtung oder das Mitnehmen von Gegenständen aus der Kita nach Hause.

Diese Sonderrechte enden nach der Eingewöhnung, denn auf Dauer bringen Privilegien Eifersucht, Konflikte und Unfrieden.

Aufgabe

Welche Sonderrechte gibt es für neue Kinder in der Einrichtung?

So werden in meiner Einrichtung Brücken für das neue Kind gebaut

8.4 Kinder kommen in die Schule

Der Übertritt in die Schule ist ein Meilenstein für das Kind und für alle am Bildungs- und Erziehungsprozess beteiligten Personen. Wie Kinder diesen Übergang erleben, können Sie in Ihrer Einrichtung beobachten.

Aufgabe

Aus Kindergartenkindern werden Schulkinder. Notieren Sie Gefühle und Äußerungen zum Schulbesuch von drei Kindern im Kindergarten oder Hort und denken Sie über ihre Bedeutung nach. Formulieren Sie mögliche Handlungsempfehlungen.

Web

Aus Kindergartenkindern werden Schulkinder

Vorname des Kindes:	
Äußerungen zum bevorstehenden Schulbesuch:	**Bedeutung und mögliche Handlungsempfehlungen:**

9 Mobilitätserziehung

Mobilitätserziehung

- Verhalten der Kinder im Straßenverkehr einschätzen
- Bewegung fördern
- Mobilitatsmanagement, ein Beitrag zum Umwelt- und Klimaschutz
- Zeichen und Regeln kennen
- Sinne schärfen
- sinngebende und zukunftsgerichtete Orientierung anbahnen
- Handlungsfähigkeit in gefährlichen Situationen stärken
- Verständigung und Kontaktaufnahme fördern

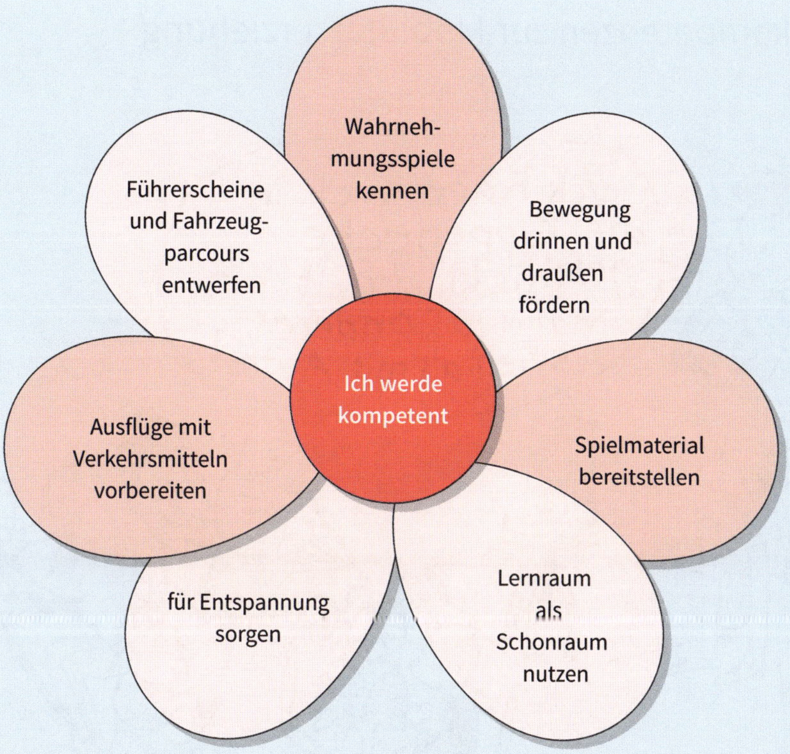

9.1 Nachhaltige Mobilitätserziehung von Anfang an

Kinder beobachten die Erwachsenen, vor allem ihre Eltern. Würden Sie Kinder fragen, was sie im Auto erleben, wenn sie mit ihren Eltern mitfahren, dann kämen wahrscheinlich folgende Antworten: Eltern schimpfen, schreien, streiten und telefonieren im Auto. Vielleicht meinen Kinder auch, dass Papa schneller fährt als Mama. Den Eltern ist nicht immer bewusst, dass sie die ersten Verkehrserzieher ihrer Kinder sind und zukunftsorientierte Handlungsentscheidungen festlegen. Mobilitätserziehung in der Kindertagesstätte bedeutet deshalb immer auch, die Eltern als Bildungs- und Erziehungspartner mit einzubeziehen.

Aufgaben

1. Befragen Sie Ihre Praxisanleitung zur Mobilitätserziehung und der Zusammenarbeit mit den Eltern und der örtlichen Polizei.
2. Informieren Sie sich über das Verkehrssicherheitskonzept der örtlichen Polizei, über die Arbeit der Verkehrswacht und über die Zusammenarbeit mit den Kindertagesstätten.
3. Recherchieren Sie zur Mobilitätserziehung in den Kindertageseinrichtungen. Tauschen Sie Ihre Ergebnisse in der Gruppe aus. Was hat Sie dabei überrascht?
4. Notieren Sie alle wichtigen Ergebnisse in einem Punktekatalog mit der Überschrift: „Mobilitätsmanagement in den Kitas".

9.2 Basiskompetenzen zur Mobilitätserziehung

Aufgaben

1. Überprüfen Sie Ihre Haltung und Wertvorstellungen zu Klimaschutz, Gesundheit und Mobilität.
2. Analysieren Sie die Karikatur:
   a) Beschreiben Sie die Zeichnung (Vordergrund, links, rechts, Hintergrund, Text).
   b) Formulieren Sie das Thema und das Problem der abgebildeten Personen.
   c) Versehen Sie die Personen mit Buchstaben und machen Sie sich Gedanken zu jeder Einzelheit, die Sie auf dem Bild wahrnehmen (z. B.: Was denken sich die jeweils abgebildeten Personen?).
3. Entwickeln und notieren Sie für diese Szene aktuelle Handlungsempfehlungen für Bildungsangebote und Projekte mit dem Hintergrund BNE zu den Themen „Mobilitätserziehung“, „Klimaschutz“, „Verkehr“ und „Gesundheit“. Tauschen Sie sich in der Ausbildungsgruppe aus. Ergänzen Sie Ihre Liste.
4. Überprüfen Sie die Glaubwürdigkeit Ihres Verhaltens zum Thema „Klimaschutz, Gesundheit und Verkehr“. Werden Sie Ihre Einstellung und Ihr Verhalten ändern? Begründen Sie Ihre Aussage.
5. Diskutieren Sie in der Ausbildungsgruppe. Was hat Sie dabei überrascht?

Beschreibung der Abbildung

____

____

Das Thema der Abbildung

____

____

Meine Ideen zu Gedanken und Gefühlen der abgebildeten Personen

A ____

B ____

C ____

D ____

E ____

F ____

G ____

Meine Handlungsempfehlungen

____

____

____

9.3 Mobilitätsmanagement

Bewegung	Wahrnehmung	Verständigung
- sich sicher bewegen - Geschwindigkeit erfahren - schnell reagieren - Körperbewegungen koordinieren	- gut hören und sehen - Richtungshören - Formen, Farben, Größen - erkennen und unterscheiden - Figur-Grund-Wahrnehmung	- eigene Absichten mitteilen - Zeichen und Regeln kennen - Verständigungsprobleme flexibel handhaben - sich in schwierigen Situationen verständigen können

Aufgaben

1. Planen Sie zu den oben genannten Zielen Bildungsangebote für die folgenden Bildungsschwerpunkte, die zu unterschiedlichen Jahreszeiten angewandt werden können. Beachten Sie dabei das Prinzip der Bildung für nachhaltige Entwicklung.
2. Finden Sie Spielmaterial, das sich für die Mobilitätserziehung zu den unten genannten Bildungsschwerpunkten eignet.

Bewegung – Wahrnehmung – Verständigung

Web

Bildungsangebote, Projekte und Lernraumgestaltung zur Mobilitätserziehung

Sprache, Schrift, Kommunikation, Verständigung und ihre Vielfalt

Personale und soziale Entwicklung, Werteerziehung, religiöse Bildung

Mathematik und Naturwissenschaft, (Informations-)Technik
(Menge, Geschwindigkeit, Entfernung ...)

Musische Bildung, Umgang mit Medien
(z. B. Richtungshören)

Körper, Bewegung, Gesundheit
(z. B. Erste Hilfe)

Natur und kulturelle Umwelten

Jahreszeit: Zeitraum:

Zielsetzung:

Thema:

Für welche Kinder:

Spielmaterial:

Lernraumgestaltung:

Wortschatzerweiterung:

Aufgabe

Zeichnen Sie einen Lernraum für Kleinkinder, in dem diese ihre Sinne schärfen können.

Lernraum für Sinnenerfahrungen (Skizze)

Aufgabe

Zeichnen Sie eine Bewegungsbaustelle für drinnen.

Bewegungsbaustelle (Skizze) Alter:

9.4 Mobilitätsmanagement: Lernraum ist Schonraum

Aufgaben

1. Planen Sie mit den Kindern einen Fahrzeugparcours für draußen für verschiedene Fahrzeuge, die Ihnen in der Praxisstelle zur Verfügung stehen. Zeichnen Sie mit den Kindern zusammen einen Plan.

Unser Fahrzeugparcours (Skizze)

Diese Kinder haben ihn entworfen:

2. Planen Sie mit den Dreijährigen einen „Flitzi-Führerschein“ mit Laufrad, Roller, Rutschauto, Traktor oder Dreirad. Entwerfen Sie mit ihnen eine Urkunde, die jedes Kind zum Abschluss überreicht bekommt.

Flitzi-Führerschein (Skizze)

Diese Kinder haben mitgewirkt:

9.5 Verständigung, Sicherheitstraining und Unfallverhütung

Aufgaben

1. Planen Sie mit Ihrer Kindergruppe einen Ausflug mit dem Bus zu einem bestimmten Ziel
   - Sie besprechen mit den Kindern den Stadtplan.
   - Sie spielen Busfahren im Rollenspiel mit den entsprechenden Haltestellen.
   - Sie gestalten gemeinsam den Lernraum und das Spielmaterial.
   - Finden Sie mit den Kindern vorausschauend mögliche Gefahrenquellen.
   - Üben Sie mit den Kindern gemeinsam Verhaltensregeln ein.
   - Klären Sie mit den Kindern Zeichen und Regeln im Straßenverkehr.
2. Überprüfen Sie mit den Kindern das Außengelände auf Gelegenheiten zum Klettern, Balancieren, Kriechen, Bauen, Verstecken, für Ballspiele, Fußball und auf mögliche Gefahrenquellen und die dazugehörigen Regeln. Die Gefahrenquellen und die Einhaltung der Regeln werden von Ihnen laufend und regelmäßig kontrolliert.
3. Reflektieren Sie: Gibt es bei Ihnen pessimistische Glaubenssätze und Gedanken zum Umwelt- und Klimaschutz, die blockieren? Überprüfen Sie Ihre Erwartungen.
4. Denken Sie in der Ausbildungsgruppe über die Bedeutung der Mobilitätserziehung nach. Entwickeln Sie dazu gemeinsam zielführende Gedanken.
5. Notieren Sie Inhalte für die Bildung nachhaltiger Entwicklung und Mobilitätserziehung, die Sie unbedingt als Aufgabe oder Projekt mit den Kindern gestalten möchten. Begründen Sie Ihre Auswahl.
6. Das Team der Kindertagesstätte „Sonnenschein“ hat sich in ihren Leitlinien zum „autofreien Kindergarten“ erklärt, weil die Einrichtung an einer stark befahrenen Straße liegt. Kurz parkende Autos stellen für die Kinder eine große Gefahr dar. Mehrmaliges Nichtbeachten dieser Regel durch die Eltern kann zur Kündigung des Kindergartenplatzes führen.
   Diskutieren Sie diese Entscheidung in der Ausbildungsgruppe.

Meine Ideen zur nachhaltigen Mobilitätserziehung:

____

____

____

____

____

____

10 Teamarbeit

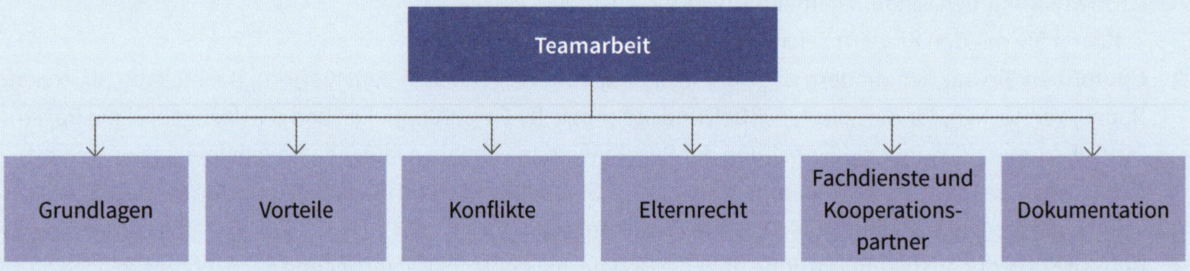

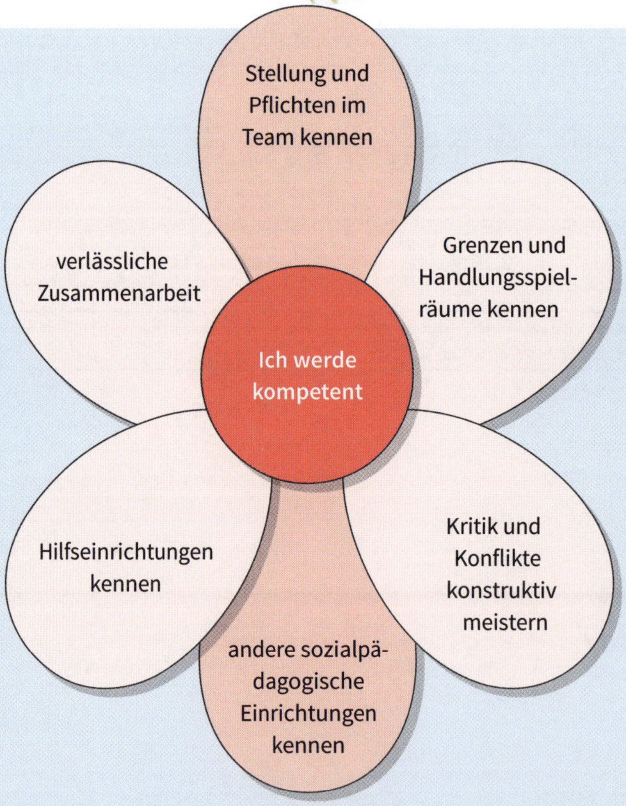

10.1 Das Team

In allen Einrichtungen arbeiten pädagogische Fachkräfte zusammen. Jede Mitarbeiterin im Team hat einen Ausbildung absolviert, um als anerkannte Kraft in einer sozialpädagogischen Einrichtung arbeiten zu können.

Aufgabe

Befragen Sie die Teammitglieder Ihrer Einrichtung nach ihrer Berufsbezeichnung, ihrer Ausbildung und ihrem Ausbildungsweg. Unter Umständen finden Sie diese Informationen auch in der Konzeption oder auf der Internetseite Ihrer Einrichtung.

Web

Die Teammitglieder meiner Praxiseinrichtung

Vollständiger Name	Berufsbezeichnung, Ausbildung	Tätigkeit, Stellung

Aufgabe

Verschaffen Sie sich einen Überblick über die Arbeitsverteilung in Ihrer Einrichtung und finden Sie heraus, ob es bestimmte Zuständigkeiten und Aufgabenverteilungen zwischen den Kolleginnen gibt, und wie diese aussehen.

Web

Arbeitsverteilung im Team

Aufgaben	zuständig

Konflikte im Team

Eine gute Zusammenarbeit innerhalb des Teams ist aus vielen Gründen ein erstrebenswertes Ziel. Lesen Sie die Gründe dafür im Fachbuch nach. Eine Zusammenarbeit vieler unterschiedlicher Charaktere funktioniert allerdings nicht immer ohne Konflikte.

Aufgaben

1. Welche Formen von Konflikten im Team kommen am häufigsten vor? Befragen Sie die Teammitglieder in Ihrer Praxiseinrichtung.
2. Erstellen Sie zusammen mit Ihren Mitschülerinnen eine „Hitliste“ mit den häufigsten Konflikten in sozialpädagogischen Einrichtungen.

Liste der Konflikte im Team

1. ______________________
2. ______________________
3. ______________________
4. ______________________
5. ______________________
6. ______________________
7. ______________________

Aufgabe

Erstellen Sie eine Liste mit Tipps für die Bewältigung dieser Probleme.
Markieren Sie dann diejenigen Tipps farbig, die Ihnen am hilfreichsten erscheinen.

Tipps für den Umgang mit Konflikten im Team

1. ____
2. ____
3. ____
4. ____
5. ____
6. ____
7. ____

10.2 Kooperationspartner und Vernetzungspartner in der Zusammenarbeit

Zusammenarbeit findet sowohl im Team als auch mit Partnern außerhalb der Einrichtung statt. Wie diese Zusammenarbeit im Einzelnen aussieht bzw. aussehen könnte, sollte jedes Teammitglied wissen.

Aufgabe

Betrachten Sie die oben abgebildete Zeichnung und erstellen Sie eine Adressenliste der Kooperationspartner und Vernetzungspartner Ihrer Praxisstelle.

Kooperationspartner meiner Einrichtung

Kooperationspartner und Vernetzungspartner der Einrichtung mit Adresse	Bemerkungen zur Form der Zusammenarbeit

11 Eltern als Bildungs- und Erziehungspartner

Eltern als Bildungs-und Erziehungspartner

- Bedeutung
- Probleme
- besondere Bedürfnisse von Familien mit Migrationsgeschichte
- Gesprächsführung
- Formen

Ich werde kompetent

- Bedeutung verbaler und nonverbaler Kommunikation und Interaktion kennen
- Gesprächsanlässe und Gesprächsabsichten einschätzen
- Handlungsspielräume und Grenzen kennen
- Eltern aus unterschiedlichen Kulturen unvoreingenommen und selbstbewusst begegnen
- Beziehungen zu Eltern aufbauen und pflegen
- sich schriftlich und mündlich fachkompetent ausdrücken

11.1 Die Bedeutung der Eltern- und Familienarbeit

Eltern tragen die Erziehungsverantwortung und sehen das Wohl des Kindes oft als ihre lebenslange Aufgabe. Die Pädagogin orientiert sich an den Bedürfnissen der Eltern und ist auf deren Informationen und Zusammenarbeit angewiesen.

Aufgabe

Führen Sie in Absprache mit Ihrer Anleitung ein Interview mit einem Elternteil eines Kindes über seine Erwartungen und Wünsche an die Praxiseinrichtung. Erstellen Sie dazu einen Fragenkatalog. Nehmen Sie die entsprechenden Fragen aus dem Lehrbuch zu Hilfe.

Web

Interview über die Erwartungen von Eltern

Geschlecht und Alter des Kindes	Buchungszeit/wöchentlich	Buchungszeit/täglich
Frage – Antwort		

11.2 Ideen für Eltern- und Familienarbeit

Für eine vertrauensvolle Zusammenarbeit ist die gegenseitige Wertschätzung und Anerkennung Voraussetzung. Auch Eltern benötigen individuelle Unterstützung.

Aufgaben

1. Entwickeln Sie Ideen dazu, wie Sie folgende Wünsche und Vorschläge zur Zusammenarbeit mit der Praxiseinrichtung aufseiten der Eltern umsetzen können.

Ideen und Wünsche der Eltern	**Meine Ideen dazu**
Winterspaziergang	
Osterwerkstatt	
Kochworkshop	
Nachmittagscafé	
Musikworkshop	
Familienfrühstück	
Spielnachmittag	

2. Sie wollen in der Krippe bzw. im Kindergarten einen Elternabend gestalten. Entwickeln Sie einen Fragebogen, mit dessen Hilfe Sie herausfinden, welche Themen die Eltern interessieren.

Themenvorschläge für Elternabende	
in der Kinderkrippe	**im Kindergarten**

11.3 Umgang mit Konfliktsituationen

Gespräche mit Eltern verlaufen nicht immer störungsfrei. Wichtig ist vor allem, gelassen zu bleiben, damit die Situation nicht eskaliert.

Aufgaben

1. Lesen Sie die in der Tabelle aufgelisteten Ratschläge aufmerksam durch.
2. Überlegen Sie, was Ihr Gesprächspartner mit seiner Aussage möglicherweise erreichen will.

Tipps zum Umgang mit schwierigen Elternäußerungen

Möglicher Vorwurf eines Elternteils	Lösungsvorschlag für die Antwort	Was will der Diskussionsteilnehmer bei Ihnen damit erreichen?
„Du kannst in Erziehungsfragen überhaupt nicht mitreden. Du hast doch gar keine Kinder."	„Es geht nicht um mich, sondern […]"	
„Sie sind noch viel zu jung, um …" „Ihnen fehlt die Erfahrung, um …" „Ich bezweifle, dass Sie in Ihrem fortgeschrittenen Alter das noch packen."	„Gerade weil ich noch jung bin, kann ich die Sache unvoreingenommen sehen." „Gerade weil ich neu in der Firma bin, kann ich alle Strukturen und Vorgänge mit der notwendigen Objektivität betrachten."	
„Sieht man einmal von den Schwächen Ihrer Argumentation ab …" „Fast hätte ich gesagt, …" „Auf die vielen Ungereimtheiten deines Beitrags will ich weiter nicht eingehen."	„Welche Schwächen?" „Können Sie das präzisieren?"	
„Auch ich war früher deiner Auffassung, aber …"	„Ihr Meinungswandel ist sehr interessant. Ich bin nach wie vor der Auffassung, dass …, weil …"	
„Sie selbst haben einmal gesagt …" „Wenn ich dich einmal zitieren darf …"	„Es freut mich, dass du behalten hast, was ich früher dazu gesagt habe. Heute sehe ich die Sache anders, weil …" „Ich erläutere Ihnen gerne, warum ich das heute anders sehe."	
„Sind Sie ganz sicher?" „Woher wissen Sie denn das so genau?" „Wer ist schon ganz sicher?"	„Ja." „Ich habe mich informiert."	
„Glauben Sie alles, was in der Zeitung steht?"	„Nein, aber ich möchte wissen, was Sie zu meiner Kritik sagen."	
„Ihr Gefühl muss Ihnen doch sagen, dass …" „Sie sind doch viel zu verantwortungsbewusst, um …"	„Gerade weil ich verantwortungsbewusst bin …"	

(Quelle: Franck: „Sieht man einmal von Ihren Schwächen ab", 2010 (verändert).)

11.4 Besondere Bedürfnisse von Familien mit Migrationshintergrund

Fremde Heimat – Kinder und Jugendliche, die als Flüchtlinge oder Einwanderer nach Deutschland kommen, benötigen vielfach besonderen Schutz, Betreuung und Fürsorge.

Aufgaben

1. Welche Möglichkeiten sehen Sie, den besonderen Bedürfnissen von Eltern mit Migrationshintergrund und ihren Kindern gerecht zu werden? Gehen Sie dabei auf Erfahrungen ein, die Sie innerhalb Ihrer Klasse zusammentragen können.
2. Fertigen Sie eine Materialsammlung an.

Meine Ideen zum Thema: Besondere Bedürfnisse von Familien mit Migrationshintergrund

12 Feste und Feiern

Feste und Feiern

- Feste im Leben
- einzelne Feste
- Planung und Gestaltung

Ich werde kompetent

- Feste in der Einrichtung kennen
- Auseinandersetzung mit dem Wert der einzelnen Feste
- kreative Umsetzung von Festen
- ein Fest systematisch planen, durchführen, reflektieren

12.1 Feste in meiner Praxisstelle

Die Mitgestaltung von Festen ist auch im Praktikum schon eine Aufgabe, an der Sie Anteil haben werden.

Aufgabe

Verschaffen Sie sich einen Überblick über Feste und Feiern, die in Ihrer Praxiseinrichtung innerhalb eines Jahres gefeiert werden oder wurden. Verfassen Sie eine Jahresübersicht.

Jahresübersicht über die Feste in meiner Praxiseinrichtung

Jahreszeit	Monat	Fest – Feier
	September	
	Oktober	
	November	
	Dezember	
	Januar	
	Februar	
	März	
	April	
	Mai	

Jahreszeit	Monat	Fest – Feier
	Juni	
	Juli	
	August	

12.2 Feste im Leben von Menschen

Mit dem Feiern von Festen pflegen wir Traditionen und Werte und schaffen Höhepunkte im Alltag. Sie kennen unterschiedliche Feste und sind sich deren Bedeutung für die pädagogische Arbeit bewusst.

Aufgabe

Überlegen Sie zu jedem Fest zwei für Sie wesentliche pädagogische Gedanken bzw. Ziele und ein passendes Motto oder einen Leitgedanken zum Fest. Nehmen Sie Ihr Fachbuch zu Hilfe.

Ziele bei der Festgestaltung

Anlass	Ziele	Motto
Kindergeburtstag		
Erntedank		
Halloween		
St. Martin		
Nikolaus		
Advent und Weihnachten		
Fasching		
Ostern		
Muttertag		
Sommerfest		
Religiöse Feste aus anderen Kulturkreisen/je nach Zusammensetzung der Gruppe		

12.3 Planung und Gestaltung von Festen

Aufgabe

Gehen Sie bei der nächsten Festgestaltung nach folgendem Planungsraster vor und dokumentieren Sie den Festverlauf und dessen Auswertung.

Web

Planungsraster für die Festgestaltung

Schritte	Inhalte
1. Wertvorstellungen	
2. Organisatorisches	
3. Vorbereitende Tätigkeiten	
4. Praktische Organisation	
5. Auswertung	
6. Dokumentation	

13 Qualität

Qualität in Bildungsorten für Kinder

- ist festgeschrieben in Leitbild, Konzept und Qualitätshandbuch
- setzt Qualitätsstandards
- entwickelt sich weiter
- reflektiert Ergebnisse und Leistungen
- wird gemanagt
- sichert die Vereinbarungen

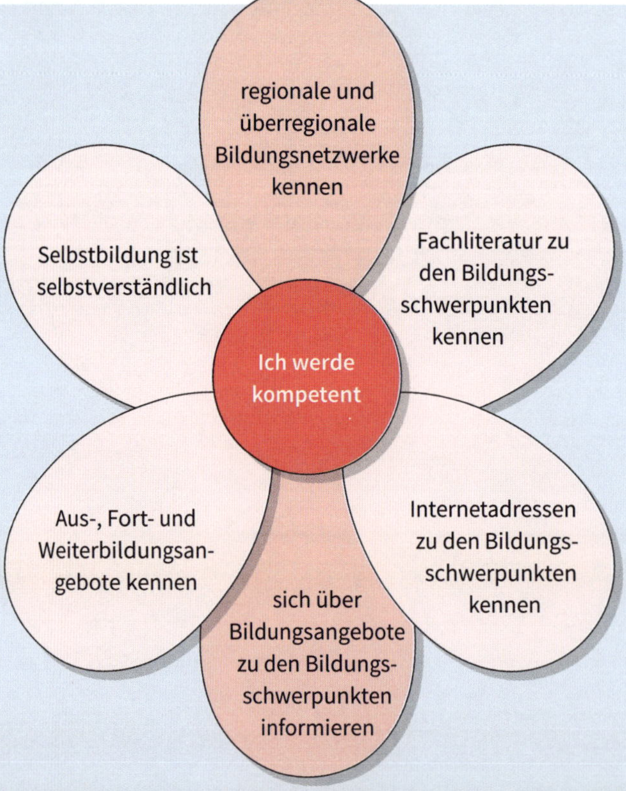

Qualität statt Experimente

„Nächste Woche beginnt in Bayern das Kita-Jahr. Für viele kleine Menschen geht ein neuer und aufregender Lebensabschnitt los, sie knüpfen erste Freundschaften und lernen zusätzliche Bezugspersonen kennen. Die Eltern wissen ihre Kinder gut betreut und fachkundig gefördert. Und für die Erzieherinnen und Erzieher geht es zurück an die Arbeit, zurück in einen sinnstiftenden und erfüllenden Beruf. Es könnte so schön sein, sähe die Realität vielerorts nicht anders aus. Tatsächlich arbeitet das Personal in deutschen Krippen und Kindergärten oft am Limit. Schon unter normalen Bedingungen betreut jeder einzelne Kinderpfleger und jede einzelne Erzieherin mehr Kleinkinder als Fachleute empfehlen. Fällt dann noch kurzfristig eine Kollegin aus, etwa, weil sie krank ist oder kündigt, ist schon mal eine Fachkraft für neun unter Dreijährige zuständig. Kindgerecht heißt es, wären maximal drei. Und so wickeln und füttern die Beschäftigten, angetreten mit dem Ideal, individuell auf die Charaktere der Kleinsten einzugehen, im Akkord. Und wenn einer weint? Was bleibt, ist eine für alle emotional schwierige Situation."

(Quelle: Wilke: Kindergärten brauchen endlich mehr Personal, 2022, S. 13.)

Aufgaben

1. Lesen Sie den Zeitungsausschnitt. Markieren Sie die Informationen, die Ihnen wichtig erscheinen.
2. Recherchieren Sie die personelle Situation in Ihrer Praxisstelle. Erstellen Sie dazu einen Fragenkatalog für ein Interview mit Ihrer Praxisanleitung.
3. Recherchieren Sie anhand des Fragenkatalogs die personelle Situation aller Kitas an Ihrem Wohnort, und notieren Sie diese jeweils auf einem Memokärtchen.
4. Sammeln und sortieren Sie in der Ausbildungsgruppe die unterschiedlichen Ergebnisse auf einer Landkarte und vergleichen Sie diese.
5. Begründen Sie in der Gruppe, in welcher Kita Sie später arbeiten möchten. Markieren Sie in der Landkarte die von ihnen am häufigsten gewählten Einrichtungen.
6. Diskutieren Sie Lösungsansätze für die unterschiedlichen Problemsituationen.
7. Erstellen Sie eine To-Do-Liste mit Kriterien zur Verbesserung der Qualität in den Kitas.
8. Schreiben Sie einen Brief zur Situation der Kitas und mit Verbesserungsvorschlägen an Ihren Bürgermeister/Ihre Bürgermeisterin.

13.1 Selbstbildung durch lebenslanges Lernen

Bildung für nachhaltige Entwicklung, gesellschaftliche Rahmenbedingungen, neue wissenschaftliche Erkenntnisse und Weiterentwicklungen pädagogischer Modelle machen eine ständige Aus-, Fort- und Weiterbildung von pädagogischen Fachkräften nötig.

Aufgaben

In den Bildungsplänen der Länder sind verbindliche Qualitätsstandards für die Arbeit in Kindertagesstätten festgeschrieben.

1. Fragen Sie Ihre Praxisanleitung/die Qualitätsbeauftragte zum Qualitätshandbuch in der Einrichtung und zu dessen Handhabung. Notieren Sie wichtige Aussagen. Vergleichen Sie Ihre Ergebnisse in der Ausbildungsgruppe. Was hat Sie überrascht?
2. Finden Sie fünf wichtige Aussagen aus Ihrem Bildungsplan mit Seitenangabe zu den unten angegebenen Kapiteln im Arbeitsheft. Notieren Sie diese in Stichpunkten.

3. Ergänzen Sie die Liste durch Literaturangaben, Internetadressen und Bildungsangebote zu Ausbildung, Weiterbildung und Fortbildung.
4. Tauschen Sie Ihre Ergebnisse in der Ausbildungsgruppe aus.
5. Für Kindertagesstätten wird händeringend nach qualifiziertem Personal gesucht. Planen Sie in der Ausbildungsgruppe eine Werbekampagne für Fachkräfte in Kitas.
   a) Informieren Sie sich über Planung, Organisation und Durchführung einer Kampagne.
   b) Ermitteln Sie Maßnahmen und Aktionen, um in der Öffentlichkeit Aufmerksamkeit zu erzeugen.
   c) Erstellen Sie einen Maßnahmenkatalog für eine Zielgruppe, die Sie erreichen wollen.
6. Entscheiden Sie sich für eine Maßnahme und führen Sie diese durch.
7. Reflektieren Sie in der Gruppe das Ergebnis. Gibt es neue Ideen?

Web

Aussagen im Bildungsplan zu den Kapiteln

1. **Berufliche Anforderungen** ____________________
2. **Die entdeckende Beobachtung** ____________________
3. **Grundlegende Bedürfnisse von Kindern** ____________________
4. **Spiel** ____________________
5. **Bildungsprozesse begleiten** ____________________
6. **Erzieherisches Handeln** ____________________
7. **Medien in der pädagogischen Arbeit** ____________________
8. **Begleitung von Übergängen** ____________________
9. **Verkehrssicherheitserziehung** ____________________
10. **Teamarbeit** ____________________
11. **Eltern als Bildungs- und Erziehungspartner** ____________________
12. **Feste und Feiern** ____________________
13. **Qualität** ____________________
14. **Gezielte Aktivitäten und Handreichungen für die Praxis** ____________________

Folgende Literatur und Internetadressen sind hilfreich: ____________________

____

____

Regionale und überregionale Bildungsnetzwerke und ihre Bildungsangebote zu Aus-, Fort- und Weiterbildung:

____

____

____

13.2 Meine professionelle Haltung

Web

Meine professionelle Haltung	++	+	–	– –
1. Ich bin der Welt, mir selbst und Mitmenschen gegenüber offen, neugierig, aufmerksam und tolerant.				
2. Ich zeige Empathie für Kinder, ihre Familien und deren unterschiedliche Lebenslagen.				
3. Ich berücksichtige die Bedeutung emotionaler Bindungen und sozialer Beziehungen bei der pädagogischen Arbeit.				
4. Ich verhalte mich demokratisch.				
5. Ich kommuniziere adressatengerecht.				
6. Ich baue pädagogische Beziehungen auf und gestalte diese professionell.				
7. Ich entwickle pädagogisches Ethos und übernehme Verantwortung für das eigene Tun.				
8. Ich verstehe mich selbst als Vorbild in meinen Handlungen.				
9. Ich verstehe die Kinder als Subjekte ihrer Entwicklung.				
10. Ich respektiere und beachte die kulturellen Hintergründe und die Vielfalt von Zielen und Werten in Bildung, Erziehung und Betreuung von Kindern.				
11. Ich reflektiere meine Erfahrungen kritisch.				
12. Ich reflektiere die biografischen Anteile des eigenen Handelns und kann fremde und eigene Bedürfnisse wahrnehmen.				
13. Ich informiere mich über unbekannte Sachverhalte und finde eigene Lernwege.				
14. Ich reflektiere den eigenen beruflichen Entwicklungsprozess.				
15. Ich arbeite verantwortungsvoll im Team mit und bringe eigene Ideen ein.				
16. Ich unterstütze die Fachkräfte bei der Planung und Leitung von Projekten.				
17. Ich wirke an Kooperationen mit allen Akteuren und Akteurinnen des Arbeitsfeldes mit.				
18. Ich übernehme Mitverantwortung für die Entwicklung und Begleitung von Kindern.				
19. Ich gehe mit offenen Arbeitsprozessen und Ungewissheiten im beruflichen Handeln situativ um.				
20. Ich weiß, dass die Bildung für Nachhaltige Entwicklung zu den dringendsten Aufgaben der Bildungsorte für Kinder gehört.				

(Quelle: Kultusministerkonferenz (KMK): Kompetenzorientiertes Qualifikationsprofil für die Ausbildung sozialpädagogischer Assistenzkräfte an Berufsfachschulen 2020, S. 8 (verändert).)

13.3 Methodenbausteine sind Schlausteine

Aufgaben

1. Testen Sie Ihre Lernkompetenz. Markieren Sie die Aufgaben im Methoden-ABC, die Ihnen in diesem Heft besonders gut gelungen sind. Schreiben Sie die entsprechende Seitenzahl dazu.
2. Reflektieren Sie Ihre Lernfortschritte und Ihren Arbeitsprozess im Umgang mit dem Arbeitsheft:
   - Arbeitsblätter, die Sie besonders gerne bearbeitet haben, markieren Sie mit einem Stern.
   - Arbeitsblätter, die Sie in Ihrer Ausbildung ein Stück weitergebracht haben, markieren Sie mit einem „+“.
   - Arbeitsblätter, die Sie besonders viel Mühe gekostet haben, markieren Sie mit einem Herz.

Das Methoden-ABC

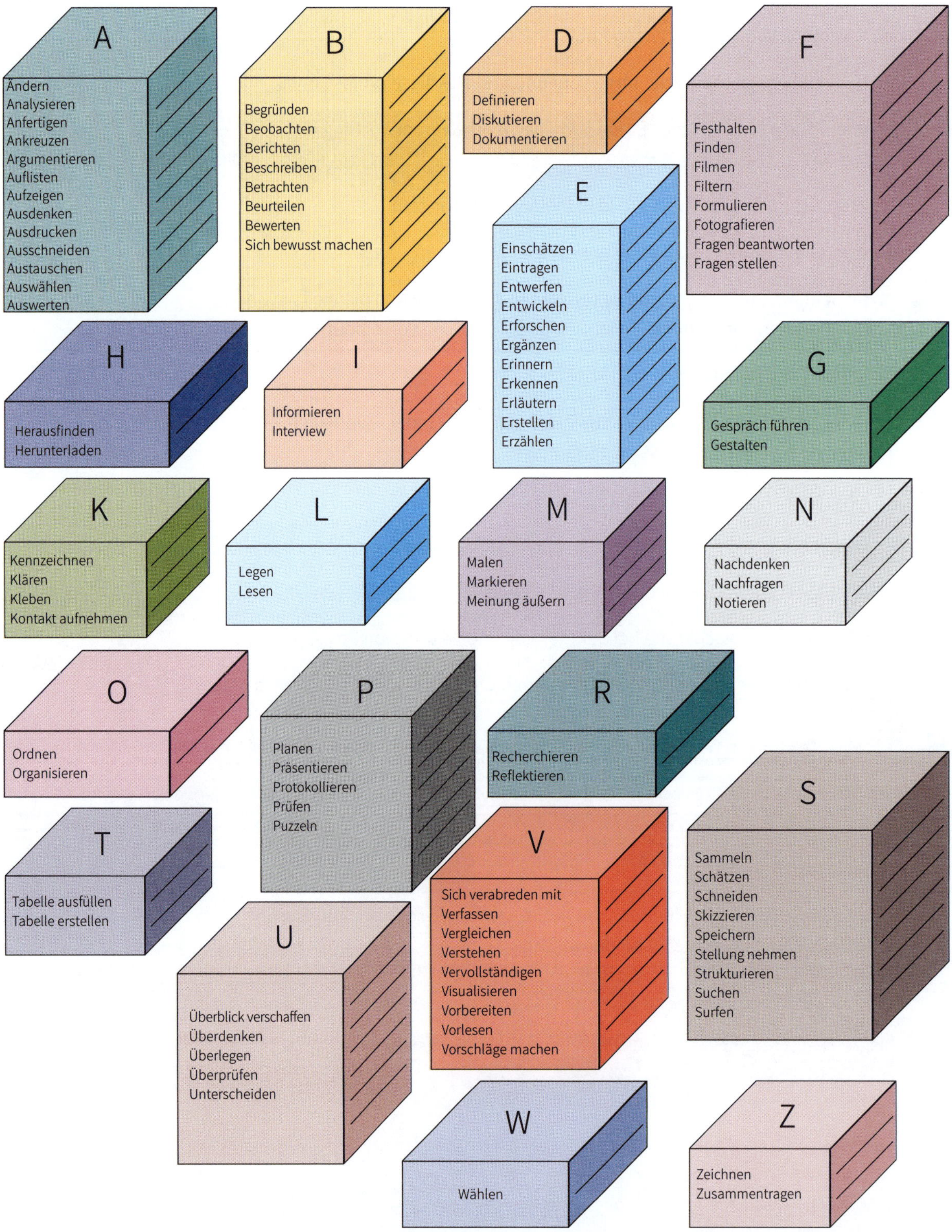

13.4 Die Ausbildung ist zu Ende

Sie haben Ihr Ziel erreicht. Die Ausbildung ist zu Ende.
Sie stehen jetzt vor dem Übergang in Ihre berufliche Zukunft. Sie werden die neue Arbeitsstelle kennen lernen, sich orientieren und mit allen Gegebenheiten der Einrichtung vertraut werden.

Der Übergang in meine berufliche Zukunft: Meine Gefühle, Erwartungen und Befürchtungen vor dem ersten Arbeitstag

Aufgaben

1. Notieren Sie Ihre Gefühle, Erwartungen und Befürchtungen vor dem ersten Arbeitstag. Vergleichen Sie Ihre Ergebnisse mit denen, welche Sie in Kapitel 1 genannt haben (S. 13).
2. Tauschen Sie sich über Ihre Ergebnisse in der Ausbildungsgruppe aus. Was hat Sie dabei überrascht?
3. Gestalten Sie gemeinsam einen Übergang: Verwenden sie dazu ausgeschnittene Fußspuren mit der Aufschrift: „Ich hoffe, dass …“.

Literaturverzeichnis

Alkhalaf, Mohamad: Der zerrissene Wunschzettel. In: Süddeutsche Zeitung Nr. 297, 23.12.2016, S. R6.

Axline, Virginia: Spieltherapie. In: Flittner, Andreas: Kinderspiel, München: Pieper, 1973, S. 226–230.

Baumann, Anette/Jung, Simone: Sternstunden für Kinder. Eine besondere Form der Be(ob)achtung. In: Kindergarten heute, Nr. 12/2006, S. 34.

Bayerischer Landesverband für Gartenbau und Landespflege e. V.: Leitfaden für die Kinder- und Jugendarbeit, 2023, S. 335 ff. In: https://online.flippingbook.com/view/509602627/2/ [08.08.2023].

Brodowski Michael, (Hrsg.): BNE in der Kita, Bildung für Nachhaltige Entwicklung in Theorie & Praxis, Freiburg: Herder, 2022, S. 9 & 106 f.

Chilla, Solveig/Niebuhr-Siebert, Sandra: Sprachenbunte Kita. In: Kompetent erziehen, hrsg. von Professor Dr. Dr. Dr. Wassilios Emmanuel Fthenakis, Köln/Braunschweig: Westermann Berufliche Bildung GmbH, 2022, S. 61.

Deutsches Jugendinstitut: DJI-Kinder- und Jugendmigrationsreport 2020, 2020. In: https://www.dji.de/themen/jugend/kinder-und-jugendmigrationsreport-2020.html [14.07.2023].

Dick-Pfaff, Cornelia: Mehr bunte Bausteine für Dreikäsehochs, 24.09.2013. In: https://www.wissenschaft-aktuell.de/artikel/Mehr_bunte_Bausteine_fuer_Dreikaesehochs1771015589323.html [17.07.2023] (verändert).

Franck, Norbert: „Sieht man einmal von Ihren Schwächen ab“, 17.05.2010. In: https://www.sueddeutsche.de/karriere/diskussionen-meistern-sieht-man-einmal-von-ihren-schwaechen-ab-1.475339 [13.07.2023] (verändert).

Freigang, Edeltraut: Lebenszeit und Lebensraumgestaltung, Troisdorf: Bildungsverlag EINS, 2009, S. 9.

Professor Dr. Dr. Dr. Fthenakis, Wassilios Emmanuel im Interview mit Odenius, Nina: Fthenakis: Die Digitalisierung zum Anlass nehmen, um das Bildungssystem grundlegend zu verändern – darin liegt die Chance!, 02.03.2023. In: https://www.news4teachers.de/2023/03/fthenakis-die-digitalisierung-zum-anlass-nehmen-um-das-bildungssystem-grundlegend-zu-veraendern-darin-liegt-die-chance/ [17.07.2023].

Professor Dr. Dr. Dr. Fthenakis, Wassilios Emmanuel/Dr. Berwanger, Dagmar/Reichert-Garschhamme, Eva: Bildung von Anfang an - Bildungs- und Erziehungsplan für Kinder von 0 bis 10 Jahren in Hessen, hrsg. von Hessisches Ministerium für Soziales und Integration, Hessisches Kultusministerium, 2019, S. 28 & 31. In: https://bep.hessen.de/sites/bep.hessen.de/files/2022-11/BEP_2019_Web.pdf [08.08.2023].

Grüling, Birk/Schulz, Tine: Am Arsch der Welt und andere spannende Orte. 25 Landkarten für hellwache Kinder, 2. Auflage, Leipzig: Klett Kinderbuch, 2022, S. 7.

Hahn, Thomas: Burg der Fragezeichen. In: Süddeutsche Zeitung Nr. 92, 21.08.2016, S. 9.

Kestler, Johannes: Zukunftsfähiges Denken und Handeln in der Kita entdecken. Bildung für eine nachhaltige Entwicklung in Kindertagesstätten gestalten. In: KiTa aktuell - Niedersachsen / Schleswig-Holstein / Hamburg / Bremen (ND) 10-2019, S. 196-199.

Klein, Tovah P.: Der Kleinkind-Code. Wie Sie Ihr Kind besser verstehen und gelassen erziehen, übersetzt von Ursula Bischoff, München: Kösel, 2016, S. 293 & 296.

Kratzer, Hans: Pfiat di, Dialekt. In: Süddeutsche Zeitung Nr. 243, 20.10.2016, S. R13.

Kultusministerkonferenz (KMK) (Hrsg.): Kompetenzorientiertes Qualifikationsprofil für die Ausbildung sozialpädagogischer Assistenzkräfte an Berufsfachschulen (Beschluss der Kultusministerkonferenz vom 18.06.2020), 2020. In: https://www.kmk.org/fileadmin/Dateien/veroeffentlichungen_beschluesse/2020/2020_06_18-Sozialpaedagogische-Assistenzkraefte_BFS.pdf [13.07.2023], S. 8–19 (verändert).

Kühn, Susanne: Frühe Mehrsprachigkeit im Kita-Alltag begleiten. In: Kita-Fachtexte, Nr. 2/2021, S. 15 ff. In: https://www.kita-fachtexte.de/fileadmin/user_upload/2021_02_KitaFachtexte_Kuehn.pdf [08.08.2023].

Lode, Silke im Interview mit Riedel, Birgit: Wir müssen das Vertrauen der Eltern gewinnen. In: Süddeutsche Zeitung Nr. 1, 02.01.2017, S. 13.

Mittler, Dittrich: Panik im Spielzimmer. In: Süddeutsche Zeitung Nr. 296, 22.12.2016, S. R14.

Pohl, Gabriele: Kindheit – aufs Spiel gesetzt: Vom Wert des Spielens für die Entwicklung des Kindes, Berlin: Springer Spektrum, 2014, 36–37.

Prantl, Heribert: Kultur der Hilfe. In: Süddeutsche Zeitung Nr. 41, 18./19.02.2023, S. 5.

Reimitz, Judith: Jüngere oder ältere Kinder. In: Unsere Kinder 5/97, 1997, S. 97–124.

Rahmsdorf, Inga: Dunkle Stunden. In: Süddeutsche Zeitung Nr. 292, 17./18.12.2016, S. R10.

Rahmsdorf, Inga: Hoffen auf ein neues Leben. In: Süddeutsche Zeitung Nr. 292, 17./18.12.2016, S. R1.

Rahmsdorf, Inga: Zweites Zuhause. In: Süddeutsche Zeitung Nr. 292, 17./18.12.2016, S. R10.

regu: Mann hinterlässt Schuldenberg. In: Süddeutsche Zeitung Nr. 302, 30.12.2016, S. R7.

regu: Junge Frau wird von ihrem Lebenspartner bedroht. In: Süddeutsche Zeitung Nr. 288, 13.12.2016, S. R7.

regu: Gewalt in der Ehe. In: Süddeutsche Zeitung Nr. 289, 14.12.2016, S. R7.

regu: Junge Mutter ist unheilbar krank. In: Süddeutsche Zeitung Nr. 290, 15.12.2016, S. R7.

Renz-Polster Herbert/Hüther, Gerald: Wie Kinder heute wachsen. Natur als Entwicklungsraum, 6. Auflage, Weinheim: Beltz 2022, S. 43–64.

Ritzer, Uwe: In Ruhe lassen statt ruhigstellen. In: Süddeutsche Zeitung Nr. 23, 28./29.01.2017, S. 23.

Spaenle, Ludwig, in: Kratzer, Hans: Pfiad di, Dialekt. In: Süddeutsche Zeitung Nr. 243, 20.10.2016, S. R13.

Scheithauer, Anne: Lernfelder praxisnah umsetzen. Die virtuelle Gruppe als Methode im sozialpädagogischen Unterricht, Berlin: Cornelsen, 2016, S. 6.

Schmieder, Jürgen: Schickt sie uns jung, dann gehören sie uns. In: Süddeutsche Zeitung Nr. 5, 07./08.01.2017, S. 29.

Stäbler, Patrick: Von der Behinderten-Werkstatt in die Kita, 10.10.2022. In: https://www.sueddeutsche.de/muenchen/landkreismuenchen/hoehenkirchen-siegertsbrunn-inklusion-kita-handicap-1.5671376 [13.07.2023].

Unabhängige Beauftragte der Fragen des sexuellen Kindesmissbrauchs (Hrsg.): Zahlen zu sexuellem Kindesmissbrauch in Deutschland, 2023. In: https://beauftragte-missbrauch.de/themen/definition/zahlen-zu-sexuellem-kindesmissbrauch-in-deutschland [13.07.2023].

Wenke, Hans: Herr, Ihr bastelt aber lange an dieser Figur. In: Welt des Kindes: die Fachzeitschrift für Kindertageseinrichtungen Nr. 1, hrsg. vom Verband Katholischer Tageseinrichtungen für Kinder (KTK) - Bundesverband e.V., Freiburg: Lambertus-Verlag, 1987, S. 205.

Wilke, Felicitas: Kindergärten brauchen endlich mehr Personal. In: Süddeutsche Zeitung Nr. 200, 31.08.2022, S. 13.

Bildquellenverzeichnis

Alamy Stock Photo, Abingdon/Oxfordshire: UPI / Alamy Stock Photo 82.1.
Alf, Renate, Weimar: 43.1.
Arbeitskreis für Jugendliteratur e.V., München: 139.1.
fotolia.com, New York: sommersprossen 148.1.
Gemeinnütziger Verein Zukunft Trotz Handicap e.V., Höhenkirchen-Siegertsbrunn: 60.1.
Getty Images (RF), München: fatihhoca 125.3; sankai 143.1.
iStockphoto.com, Calgary: kate_sept2004 107.1; South_agency 125.2; svetikd 46.1; Weekend Images Inc. Titel.
Kurtz, Cornelia, Boppard: 8.1, 8.2, 8.3, 8.4, 8.5, 8.6, 10.1, 12.1, 13.1, 24.1, 26.1, 28.1, 29.1, 29.2, 29.3, 29.4, 39.1, 47.1, 50.1, 53.1, 79.1, 89.1, 89.2, 89.3, 89.4, 90.1, 90.2, 93.1, 98.1, 100.1, 120.1, 121.1, 121.2, 128.1, 129.1, 130.1, 136.1, 137.1, 144.1, 147.1, 158.1, 160.1, 166.1, 168.1, 169.1, 169.2, 171.1, 172.1, 175.1, 176.1, 180.1, 185.1.
Picture-Alliance GmbH, Frankfurt a.M.: Ossinger, Horst 131.1.
Shutterstock.com, New York: :XiXinXing 177.2; Artfamily 72.1; FS Stock 178.1; Krakenimages.com 49.1; Kzenon 110.1; Monkey Business Images 52.1; Nagy-Bagoly Arpad 177.3; paultarasenko 177.1; Petkovic, Dusan 151.1.
stock.adobe.com, Dublin: Ammentorp Lund, Jacob 9.1; Grady R/peopleimages.com 125.1; Gründler, Kristin 49.4; Julia 49.3; Krakenimages.com 123.1; Kuzmina, Oksana 49.2, 78.1.
ullstein bild, Berlin: 30.1.
UNESCO, Paris: CC-BY-SA 3.0 (https://www.unesco.de/bildung/agenda-bildung-2030/bildung-und-die-sdgs) 111.1.
YPS - York Publishing Solutions Pvt. Ltd.: 146.1.